Editora Zain

Coleção *Opus*

A ideia da música absoluta consiste na questão estético-musical mais importante do século XIX. Como "paradigma estético" que se manifesta tanto na orientação da prática artística regular de uma comunidade musical quanto no discurso filosófico que não se restringe apenas à música, o conceito de música absoluta é analisado por Dahlhaus para além de "um sinônimo atemporal de música instrumental sem texto, autônoma e sem vínculos com as funções ou programas extramusicais". Suas implicações sociais, geográficas, morais e estéticas, que geraram debates prolíficos entre músicos, poetas e filósofos da época, possibilitam ao autor uma ampla e profunda análise da ideia da música absoluta, essencial para compreender a evolução da estética musical e o papel da música na cultura ocidental.

Carl Dahlhaus (1928-1989) nasceu em Hannover, Alemanha, e foi um dos mais importantes musicólogos do século XX. Escreveu livros sobre história, estética e teoria musical, além de centenas de artigos, críticas, ensaios e monografias. Foi também editor e organizador de vários livros e coleções, entre elas a monumental *Neues Handbuch der Musikwissenschaft* [Novo Manual da Musicologia] em treze volumes.

Reginaldo Rodrigues Raposo (1988) é tradutor e pesquisador nas áreas de estética, filosofia da arte e musicologia. Como doutorando, investiga a obra de Dahlhaus e seu legado estético-musical. Atua também como professor dando cursos de estética e de música.

Dahlhaus, Carl.
A ideia da música absoluta

TRADUÇÃO DO ALEMÃO E APRESENTAÇÃO
Reginaldo Rodrigues Raposo

PREFÁCIO
Sidney Molina

© Bärenreiter-Verlag Karl Vötterle GmbH & Co. KG, 1994
Publicado em acordo com Bärenreiter-Verlag, Kassel-Basel-London-
-New York-Praha.
© Capítulo "A ideia da música absoluta (1982)", Laaber Verlag, 1982
© Editora Zain, 2025
Todos os direitos desta edição reservados à Zain.

Título original: *Die Idee der absoluten Musik*

Grafia atualizada segundo o Acordo Ortográfico da Língua
Portuguesa de 1990, que entrou em vigor em 2009.

EDITOR RESPONSÁVEL
Matthias Zain

PROJETO GRÁFICO
Julio Abreu

PREPARAÇÃO
Bonie Santos

REVISÃO
Marina Saraiva
Juliana Cury | Algo Novo Editorial

Dados Internacionais de Catalogação na Publicação (CIP)
(Câmara Brasileira do Livro, SP, Brasil)

Dahlhaus, Carl
A ideia da música absoluta / Carl Dahlhaus ; tradução Reginaldo
Rodrigues Raposo. — 1ª ed. — Belo Horizonte, MG : Zain, 2025.

Título original: *Die Idee der absoluten Musik*.

ISBN 978-65-85603-21-8

1. Musicologia 2. Música — Filosofia e estética I. Raposo,
Reginaldo Rodrigues. II. Título.

25-263918   CDD-780.1

Índice para catálogo sistemático:
1. Música : Filosofia e estética 780.1

Aline Graziele Benitez — Bibliotecária — CRB-1/3129

Zain
R. São Paulo, 1665, sl. 304 — Lourdes
30170-132 — Belo Horizonte, MG
www.editorazain.com.br
contato@editorazain.com.br
instagram.com/editorazain

SUMÁRIO

- 7 Apresentação
  por Reginaldo Rodrigues Raposo
- 13 As correntes de antíteses de Carl Dahlhaus
  por Sidney Molina

A ideia da música absoluta

- 17 **A ideia da música absoluta**
- 19 Música absoluta como paradigma estético
- 41 Desvios da história do conceito
- 71 Um modelo hermenêutico
- 91 Estética do sentimento e metafísica
- 116 Contemplação estética como devoção
- 129 Música instrumental e religião da arte
- 148 Lógica musical e caráter linguístico
- 165 Sobre três culturas da música
- 178 A ideia do musicalmente absoluto e a práxis da música programática
- 194 Música absoluta e *poésie absolue*

- 213 A ideia da música absoluta (1982)

- 218 Referências bibliográficas

Apresentação

por Reginaldo Rodrigues Raposo[1]

Carl Dahlhaus nasceu em Hannover em 1928 e foi um dos mais importantes musicólogos do século XX. Como representante da estética musical, tornou mais claros os vínculos algo congênitos entre a música, a filosofia e a literatura. Entre os historiadores da filosofia da música, ele foi o mais preparado para substanciar teses histórico-estéticas, oferecendo observações analíticas concretas como corroboração; entre os musicólogos, foi quem assumiu esse mesmo rigor na leitura de textos filosóficos, tão intrincados quanto relevantes para a atividade artística. A partir de 1967, Dahlhaus ocupou a cadeira de História da Música (sucedendo Hans Heinz Stuckenschmidt) na Technische Universität (TU) em Berlim, onde faleceu em março de 1989. Escreveu livros sobre história, estética e teoria musical, críticas teatrais[2] e musicais, e centenas de artigos, ensaios e monografias a respeito de autores "da Idade Média ao Pós-modernismo, de edições acadêmicas ao jornalismo polêmico".[3] Os escritos e o pensamento sobre a música do período que vai do clássico-romântico ao expressionismo alemão — da primeira à segunda escola

---

1 Agradeço ao professor Sidney José Molina Junior (FAAM), ao professor Marco Aurélio Werle (USP), e à FAPESP (processos 2022/12666-2 e 2019/27194-6) — igualmente essenciais para a realização deste trabalho.
2 Dahlhaus teve uma experiência em dramaturgia em Göttingen durante os anos 1950, quando escreveu diversos textos não musicológicos, principalmente críticas teatrais.
3 Stephen Hinton, "The Conscience of Musicology: Carl Dahlhaus (1928-1989)", *Musical Times*, v. 130, n. 1762, 1989, p. 737.

de Viena — são particularmente objetos centrais em sua obra. Foi também editor e organizador de vários livros e coleções, entre elas a *Neues Handbuch der Musikwissenschaft* [Novo manual da musicologia] em treze volumes, iniciada pela editora Athenaion e posteriormente assumida e publicada pela editora Laaber entre 1980 e 1995, e cujo célebre sexto volume, *Die Musik des 19. Jahrhunderts* [A música do século XIX] é de sua autoria. Entre as publicações mais citadas e comentadas pela musicologia e pela filosofia da música em língua portuguesa constam: *Musikästhetik* [Estética musical], publicada pela primeira vez em 1967; seus vários escritos sobre Richard Wagner, entre eles *Richard Wagners Musikdramen* [Os dramas musicais de Richard Wagner], publicado pela primeira vez em 1971; a coletânea *Schönberg und andere: Gesammelte Aufsätze zur Neuen Musik* [Schönberg e outros: ensaios reunidos sobre a Nova Música], de 1978, editada pela Schott; *Ludwig van Beethoven und seine Zeit* [Ludwig van Beethoven e seu tempo], de 1987; e *Klassische und romantische Musikästhetik* [Estética musical clássica e romântica], do ano seguinte, ambos pela Laaber.

Autor até então inédito no Brasil, Dahlhaus teve uma única obra inteiramente sua publicada em língua portuguesa: o livro *Estética musical*, traduzido por Artur Morão, publicado em Lisboa em 1991. Isso torna a presente tradução de *A ideia da música absoluta* (*Die Idee der absoluten Musik*, lançado em alemão em 1978 e reeditado algumas vezes pela editora Bärenreiter) a primeira publicação brasileira de um livro deste que é por consenso um nome fulcral dos estudos musicais no século XX — "o musicólogo mais importante de nossa geração".[4] Vale mencionar também a extraordinária publicação em dez volumes de seus escritos completos,

---

4 György Ligeti, "Gedenkworte für Carl Dahlhaus", em *Orden pour la mérite für Wissenschaften und Künste*, vol. 22: *Reden und Gedenkworte 1987-1989*. Gerlingen: Lambert Schneider, 1992, p. 159.

Carl Dahlhaus. Gesammelte Schriften, também pela editora Laaber, a partir do ano 2000. Tal como consta na quarta capa da edição, "como quase nenhum outro musicólogo, Carl Dahlhaus, através de sua obra, influenciou o desenvolvimento da historiografia científica musical moderna assim como a literatura sobre música como um todo".

A ideia da música absoluta articula em dez capítulos questões estético-musicais concernentes a este que foi um tema marcante no meio musical do século XIX e que foi extensamente discutido pela musicologia do século XX. Como o próprio Dahlhaus diz, ao revisitar a questão alguns anos depois da primeira publicação de seu livro, "a ideia da música absoluta surgiu de uma barafunda quase labiríntica de circunstâncias",[5] além de profusas fontes documentais das mais contrastantes, mas surpreendentemente atinentes, sejam elas filosóficas ou literárias. Por exemplo, entre Immanuel Kant e Ludwig Tieck, Georg Wilhelm Friedrich Hegel e Richard Wagner, ou Novalis e Stéphane Mallarmé, Dahlhaus aponta no livro afinidades inusitadas — que o distanciamento geográfico ou temporal tendia a obscurecer — no que se refere a pressupostos[6] a partir dos quais tais figuras lidavam com questões de interesse musical então prementes. Para Dahlhaus, é

---

5 Cf. Carl Dahlhaus, "Ästhetik und Musikästhetik", em *Systematische Musikwissenschaft* (Neues Handbuch der Musikwissenschaft, vol. 10, 1982, pp. 81-108).

6 No texto de advertência de seu livro *Musikästhetik*, ele afirma que "a estética musical, que foi no século XIX a instância suprema do pensamento sobre a música, encontra-se hoje, entre seus detratores, exposta à suspeita de ser especulação ociosa, pairando demasiado acima da realidade musical para lhe dizer respeito ou nela intervir. Não se deve, porém, ignorar que os juízos sobre a música — e até sobre a atividade musical — são sustentados por *pressupostos* estéticos, de que importaria tomar consciência, quer para deles se certificar quer para a seu respeito ganhar uma distância crítica". (Carl Dahlhaus, *Estética musical*. Edições 70, 2003, p. 9, grifo nosso.)

no esclarecimento dessas mesmas relações e sobretudo desses pressupostos que reside a possibilidade de uma compreensão ao mesmo tempo precisa, ampla e crítica do desenvolvimento permeado de "desvios" (*Umwege*) do conceito de música absoluta, que requer antes de tudo o olhar de um historiador das ideias.

Ademais, o livro, como evidência do conhecido virtuosismo do autor na articulação das referências e de sua escrita que não subestima o fôlego do leitor, faz seu título e tema ressoarem algo da provável matriz etimológica latina "*absolutus*", que reverbera elementos do discurso sobre a modernidade filosófica: separado, *abgelöst*, *unbedingt*, não condicionado etc.[7] Sopesando o que ele denomina "metafísica romântica da música instrumental" e a filosofia que se desdobra principalmente a partir do idealismo alemão — a recepção de Ludwig van Beethoven e o discurso estético-musical (sistemático ou não) do século XIX —, Dahlhaus discorre sobre o alcance da ideia da música absoluta e a dimensiona também para além de uma música "separada", "autônoma", de "depois do fim da arte" (para dialogar com Arthur Danto,[8] contemporâneo de Dahlhaus), como um sentido meramente denotativo da expressão e moldado historicamente[9]

---

7 Cf. Herbert Schnädelbach, "Hegel. Kunst und Musik", em *Musik in der deutschen Philosophie: eine Einführung*, 2003, p. 58; sobre a relação entre o absoluto e a absolvência do ponto de vista histórico-filosófico na consideração da particularidade da modernidade filosófica: Martin Heidegger, "Hegels Begriff der Erfahrung", em *Gesamtausgabe*, vol. 5: *Holzwege*. Frankfurt am Main: Vittorio Klostermann, 1977, pp. 115-208, mais especificamente pp. 135-7.

8 Em *After the end of art* [Após o fim da arte], de 1997, Arthur Danto retoma o tema hegeliano do "fim da arte" à luz da questão da autonomia da arte no século XX.

9 A expressão tem lastro na documentação histórica, assim como na própria concepção da ideia de obra musical sob a fórmula *opus perfectum et absolutum* no século XVI (*Musica Nicolai Listenii*, 1549, no facsímile editado por G. Schünemann, 1927, cap. 1. Cf. Carl Dahlhaus,

— algo marcante desde a leitura do título do primeiro capítulo: "Música absoluta como paradigma estético".

A tradução, por sua vez, esforça-se para preservar características do texto original, como a estrutura sintática do alemão de Dahlhaus, tomando como pressuposto a ordem rigorosa e eloquente com que Dahlhaus expõe os elementos argumentativos. A opção por manter determinadas estruturas mais complexas do original, talvez em detrimento de uma compreensão mais imediata (posto que por vezes não tão profunda), justifica-se sobretudo por certo enlevo que se presume no autor justamente nessa escrita dilatada e contínua, que, diante da trama brilhantemente identificada, define de maneira universal uma interação intensa e também contínua entre a prática musical regular e o pensamento sobre a arte musical enquanto atividade humana; e Dahlhaus o faz de "modo fascinante",[10] como diz Hermann Danuser, editor de suas obras completas — o mesmo fascínio presente em *A ideia da música absoluta,* obra ricamente elaborada e plena de alma [*seelenvoll*].

Além disso, a presente edição conta também com o acréscimo de um pequeno trecho de 1982[11] que aparece pela primeira vez no volume 10 de *Neues Handbuch der Musikwissenschaft* [Novo manual da musicologia], na seção dedicada à "Estética e estética musical", que revisita a ideia da música absoluta, sintetizando a questão, e que

---

Klassische und romantische Musikästhetik, em *Gesammelte Schriften*, vol. 5, 2003, p. 394, e nota do editor na p. 887). No entanto, como Dahlhaus observa no início do segundo capítulo do presente livro, ela aparece pela primeira vez como *absolute Musik* em 1846, sob a pena de Wagner, fazendo referência a Beethoven.

10 Carl Dahlhaus, *Gesammelte Schriften in 10 Bänden*, 2000, vol. I, p. 653.
11 Carl Dahlhaus, "Ästhetik und Musikästhetik", em *Systematische Musikwissenschaft* (Neues Handbuch der Musikwissenschaft, vol. 10, 1982, pp. 81-108).

trata especificamente de algo que figurou como uma "incompreensão histórica". Essa "incompreensão histórica", no entanto, foi bastante profícua do ponto de vista histórico-musical, como mais um dos pressupostos (filosóficos) para a concepção de uma "música absoluta". Trata-se da fórmula do "aprazimento desinteressado" presente na terceira *Crítica* de Kant (1790) — algo relativamente pouco explorado em *A ideia da música absoluta*, o que talvez contrarie a intuição filosófica mais imediata diante de seu título.

As correntes de antíteses de Carl Dahlhaus

por Sidney Molina

Em uma breve passagem deste livro, Carl Dahlhaus deixa entrever que a ideia da música absoluta, formatada ao redor de 1800 a partir de uma rede complexa de eventos provenientes de diferentes fontes, talvez seja a novidade mais produtiva da estética musical desde 1300, quando o conceito aristotélico de "obra" passa a ser aplicado (não sem ressalvas) à arte eminentemente temporal da música.

Dos "erros interpretativos" sobre a terceira *Crítica* de Kant às contribuições dos escritores Jean Paul, Wackenroder, Tieck e E. T. A. Hoffmann, a ideia da música absoluta será, ao longo do século XIX, desenvolvida e reinterpretada por Wagner (à luz de Schopenhauer) e Eduard Hanslick, entre muitos outros. Na base da discussão está, é claro, a obra musical de Beethoven: antes de tudo, as sinfonias (a "ópera dos instrumentos"), influentes na gênese do conceito ainda quando o compositor era vivo; mais adiante, porém, por volta de 1870, o anseio pelo infinito e pelo indeterminado passa a ser aplicado igualmente aos quartetos de cordas de seu período final.

Entre um e outro momento a estética musical viveria um de seus períodos mais intensos e ricos, com o impacto da teoria do belo especificamente musical de Hanslick e o advento dos poemas sinfônicos de Liszt, tudo isso justaposto às oscilações teóricas do pensamento wagneriano e à força da entrada do filósofo Friedrich Nietzsche como protagonista na discussão.

A identificação das sinfonias de Beethoven como espinha dorsal estética em meio ao labirinto em si arbitrário das conjunturas temporais é um exemplo qualificado do método histórico-interpretativo radical de Dahlhaus. Se *a estética musical é a sua própria história* — como poderia não ser? —, ela também alimenta, desde si, essa mesma história. Os impulsos sociopsicológicos requisitaram, assim, "um objeto ao qual eles puderam se agarrar", na feliz formulação do autor.

Simultaneamente ao resgate (um tanto tardio) de *O cravo bem temperado*, de Bach, as principais sinfonias de Beethoven compõem um mosaico que será origem e fim das ideias literárias que "criam" (expressão do próprio Dahlhaus) a estética musical. Assim, a sinfonia *Eroica* introduz um elemento caracterizante hegeliano; a *Quinta*, a inefabilidade poética; e a *Nona*, enfim, a "rendição do som através da palavra", também raiz da ideia da música programática.

As intermitências das relações entre texto e música permeiam a discussão em diferentes capítulos de *A ideia da música absoluta*. De fato, a música vocal está ao mesmo tempo "antes" e "depois" da música absoluta: se na música absoluta o "sublinguístico" da estética classicista do sentimento é reabilitado como "supralinguístico", no Wagner de *Tristão e Isolda* a própria música absoluta pretende ser superada pela vocação da poesia por trazer à tona o real e o sensível.

A seriedade de Dahlhaus ao remontar as correntes de antíteses da estética da música no século XIX permite-se poucos momentos de relativa descontração, por exemplo quando analisa a tentativa (obviamente fadada ao fracasso) de — partindo da prescrição de um "espírito temporal" descolado dos fatos concretos da história, como se "no sistema das artes, o curso da história já estivesse prefigurado" — encontrar o termo consequente, que resultaria em uma trindade, a partir da díade Bach-Beethoven: seria Brahms? (tese de Bülow); Wagner? (proposta defendida por Nietzsche); ou Bruckner? (hipótese de Halm). Aquém da ambiciosa especulatividade dos estetas românticos resta, como efeito positivo, uma compreensão mais íntima do sentido das próprias obras de Brahms, Wagner e Bruckner.

O tema da religião da arte, também apresentado em outras obras do autor, surge com detalhes na análise da transmissão da devoção da música sacra para a música absoluta, e com isso o arco temporal do livro é estendido tanto para antes de 1800, com a estética do belo e da imitação junto às intermináveis polêmicas entre os vários *antiqui* e *moderni*, bem como para depois do romantismo, com a constatação da prevalência, cem anos depois, de elementos teológico-metafísicos na filosofia da música de Adorno. São memoráveis as linhas com que Dahlhaus sintetiza os procedimentos composicionais de Vivaldi, Haydn e Anton Webern. Não se trata de leitura fácil, mas é do tipo que, uma vez enfrentada, oferece ao leitor aquela ampliação do espaço cognitivo que só os grandes autores trazem.

Ao longo de sua vasta produção, Dahlhaus equilibra-se com argúcia entre pressupostos históricos incontornáveis e critérios estéticos movediços. Sua capacidade de síntese é invariavelmente brilhante — como ao tratar, aqui neste livro, a polêmica entre a defesa da música programática por Franz Brendel e do conceito de "enformação" do espírito no cerne da obra musical por Hanslick como mais um capítulo do milenar debate entre Platão e Aristóteles. Acompanhar a argumentação de Dahlhaus ajuda a validar o fato de que "pensar na música requer o pensar sobre a música", o que é suficiente para situar o papel do conceito de música absoluta para além daquilo que uma vez foi denominado pejorativamente apenas "um pequenino enclave na cultura musical séria".

A ideia da música absoluta

Música absoluta como paradigma estético

A Estética musical não é popular. Entre os músicos, ela está exposta à suspeita de ser um discurso abstrato que não se aproxima da realidade musical; junto ao público, gera a desconfiança de se tratar de reflexões filosóficas que deveriam ser deixadas para iniciados, em vez de afligir o entendimento com dificuldades supérfluas. Por mais compreensível que seja a irritação desconfiada diante de alguns debates — do que se denomina estética musical —, é equivocado achar que estas questões estariam distantes do cotidiano musical. Pelo contrário, consideradas de forma ponderada, elas são inteiramente compreensíveis e imediatamente presentes.

As pessoas que consideram uma imposição irritante ter de ler antes do concerto o programa literário de um poema sinfônico de Franz Liszt ou Richard Strauss; quem, num recital de canções, deseja uma sala escura, o que torna ilegível o programa de concerto com os poemas impressos; quem diz ser dispensável decorar o roteiro da ação dramática de uma ópera em língua italiana antes da apresentação; quem, portanto, em outras palavras, no concerto ou na ópera, trata com descaso a parte da linguagem na música, toma uma decisão estético-musical que possivelmente acredita estar fundada num gosto próprio e individual, mas que na verdade é expressão de uma tendência geral e abrangente que há meio século torna-se mais e mais difundida sem que seja suficientemente entendida em suas implicações para a cultura musical. O que ocorre, através dessa tendência particular e casual, não é nada menos que uma profunda mudança do conceito de música: não uma simples mudança estilística das formas e técnicas musicais, mas uma alteração fundamental daquilo que a música sobretudo é e significa — ou de como ela é apreendida.

Ouvintes de música que reagem dessa maneira orientam-se — para tomar emprestada uma expressão cunhada por Thomas Kuhn no campo da história da ciência — por um "paradigma" estético-musical: um conceito de modelo, e mais especificamente aquele da "música absoluta". No entanto, paradigmas — noções básicas às quais a percepção e o pensamento musical se dirigem — constituem um dos temas centrais de uma estética musical que não se perde no especulativo, mas sim apresenta certo esclarecimento sobre aspectos sutis e menos evidentes por trás de hábitos musicais cotidianos.

Hanns Eisler, que procurou levar a sério o marxismo na música e na estética musical, designou o conceito de música absoluta como um espectro do pensamento da "era burguesa": uma época para a qual olhou com desprezo, mas da qual, no entanto, considerava-se herdeiro. "A música de concerto e sua forma social — o concerto — constituem uma época histórica do desenvolvimento musical. Sua formação específica está associada ao nascimento da sociedade burguesa moderna. A supremacia da música sem palavras, também vulgarmente chamada de 'música absoluta', a separação entre música e trabalho, entre música difícil e música fácil, e entre profissionais e diletantes, é típica da música no capitalismo."[1] Por mais vaga que seja a expressão "sociedade burguesa moderna", Eisler parece ter percebido bem que "música absoluta" não é simplesmente um sinônimo atemporal de música instrumental sem texto, autônoma e sem vínculos com as funções ou programas extramusicais, mas sim que o termo aponta para uma ideia ao redor da qual determinada época

---

[1] Hanns Eisler, *Musik und Politik. Schriften 1924-1948*, 1973, p. 222.

histórica agrupou seus pensamentos sobre o que seria a essência da música. O fato de que Eisler, surpreendentemente, chame de "vulgar" a expressão "música absoluta" é sem dúvida sinal de um rancor oculto contra uma terminologia cuja pretensão sublime — a conotação de que música absoluta é a música em que o absoluto se deixa pressentir — dificilmente escapou ao filho de um filósofo.

Na cultura musical da Europa central do século XIX — em contraste com a cultura operística francesa e italiana da época —, o pensamento da música absoluta estava tão fortemente enraizado que, como logo será mostrado, mesmo Richard Wagner, embora tenha polemizado superficialmente esse princípio, estava basicamente convencido de sua verdade fundamental. E não é exagero dizer que o conceito de música absoluta foi a principal ideia da era clássico-romântica na estética musical.

Como já sugerido, a limitação regional do princípio é inegável; no entanto, seria no mínimo precipitada a conclusão de que se tratava de um provincialismo, tendo em vista o significado estético da música instrumental autônoma do final do século XVIII e do século XIX. Por sua vez, a difusão da música absoluta no século XX não deve ocultar o dado histórico de que — segundo critérios sócio-históricos, e não estéticos — a sinfonia e a música de câmara no século XIX representaram pequeninos enclaves em uma cultura musical "séria" caracterizada por óperas, *romanze*, peças virtuosísticas e de salão (isso sem mencionar o *souterrain* da "música trivial").

O fato de que o conceito de música absoluta (apesar do imenso e interno significado histórico-musical no século XIX, que posteriormente, no século XX, viria a se tornar também externo e histórico-social) proveio do romantismo alemão, de que ele deve seu páthos — a associação de música "destacada" de textos, programas e funções com a expressão ou o pressentimento do "absoluto" — à poesia e à filosofia alemãs datadas do entorno de 1800, é algo que foi intensamente percebido na França, como mostra Jules Combarieu em um artigo de 1895. O *"penser en musique, penser avec des sons, comme le littérateur pense avec des mots"*[2] foi para a consciência francesa, segundo Combarieu — que sempre se prendeu à conexão entre música e linguagem, para que a música ganhasse um "sentido" —, algo possibilitado em geral primeiramente "pelas fugas e sinfonias alemãs".[3]

Se, portanto, por um lado a ideia de música absoluta é a princípio bastante limitada em seu alcance regional e social — independentemente de seu significado estético fundamental, fruto do status e do impacto histórico de obras que a materializam —, por outro lado, sua característica histórica, como se evidencia no rústico esboço de Eisler, é antes dilatada demais que constrita demais. Dificilmente o discurso poderia se resumir a um paradigma estético-musical relativo à "totalidade" da era burguesa. A ideia de música absoluta, cujo caráter social não se encaixa em nenhuma fórmula fácil, opõe-se francamente à estética musical original da "sociedade burguesa moderna" como ela se constituiu no século XVIII na Alemanha. Do ponto de vista da filosofia moral — e isso quer dizer: a autêntica forma burguesa do pensamento no século XVIII —, Johann George Sulzer, no verbete "Música" de sua obra *Allgemeine Theorie der schönen Künste* [Teoria geral das belas artes], dá um veredito sobre a música instrumental autônoma, adotando um tom áspero que curiosamente contrasta com a generosidade com a qual Charles Burney falava de um "luxo inocente" [*innocent luxury*] e que pode ser explicada

---

2 "Pensar através da música, pensar com os sons, como o literato pensa com as palavras." [N. T.]
3 Arnold Schering, "Kritik des romantischen Musikbegriffs", em *Von musikalischen Kunstwerk*, 1951 (2. ed.), p. 104.

pelo fervor moral de uma classe média emergente em contraste com a lassidão de uma classe média já estabelecida. "Na última colocação situamos a proposta da música em concertos, que tem a mera função de passatempo ou de exercício da prática musical. Isso inclui o domínio dos concertos, das sinfonias, das sonatas, dos solos, que no todo representam uma sonoridade vivaz e nada desagradável, ou ainda uma conversa afável e divertida, mas que não envolve o coração."[4] É evidente a animosidade da filosofia moral burguesa contra o *divertissement* musical, que Sulzer considerava feudal e indolente. Se, diante disso, como relata Georg August Griesinger, Joseph Haydn visava apresentar em suas sinfonias caracteres morais, então essa intenção estética significava nada menos que a defesa da honra da sinfonia em uma época na qual a burguesia interpretava a arte — primeiro a literatura, mas depois a música também — como meio para se compreender os problemas da moral (isto é, da convivência social dos homens). Ou mesmo a arte, caso se abstivesse desses problemas, corresponderia a um jogo supérfluo com caráter social suspeito, acima ou abaixo da burguesia.

Uma filosofia da arte a partir do conceito da obra cerrada em si e autossuficiente é formulada a princípio em contradição com o que Sulzer representava — uma estética burguesa em sua origem, entrelaçada com a filosofia moral. Em textos oriundos do período compreendido entre 1785 e 1788, Karl Philipp Moritz — cujas teses foram aceitas sem reservas por Johann Wolfgang von Goethe e com alguma hesitação por Friedrich Schiller — proclamou o princípio "*L'art-pour-l'art*" [A arte pela arte] com uma aspereza justificável: por um lado, psicologicamente pelo fastio diante da consideração racionalizante da arte pela filosofia moral,

---

4 Johann George Sulzer, *Allgemeine Theorie der schönen Künste*, 1793 (2. ed.). Reedição: Hildesheim, vol. III, 1967, pp. 431-2.

e, por outro lado, pelo ímpeto com que a contemplação estética escapa do mundo do trabalho e da vida burgueses, o que Moritz assimilava como opressivo.

> O mero objeto utilitário não é então em si nada de inteiro ou acabado, mas assim se torna quando em mim alcança seu objetivo ou em mim se torna acabado. No entanto, através da contemplação do belo eu direciono novamente o objetivo para fora de mim, de volta ao objeto: contemplo-o não como algo em mim, mas como algo em si mesmo acabado, que assim constitui em si algo inteiro e me oferece aprazimento por si mesmo; o que ofereço ao belo objeto não constitui tanto uma relação comigo, mas muito mais uma relação com ele.[5]

No entanto, não somente o *prodesse* horaciano, mas também o *delectare* devem ser considerados estranhos à arte; apesar do aprazimento oferecido pela arte, o que deve valer como decisivo é o conhecimento que ela promove: "Não necessitamos tanto do belo para nos deleitarmos quanto o belo necessita de nós a fim de ser reconhecido".[6] A única conduta apropriada diante da obra de arte, segundo Moritz, é a contemplação estética esquecida de si e do mundo, a qual ele descreve com entusiasmo e cuja entonação denuncia sua linhagem pietista: "Enquanto o belo atrai inteiramente o nosso olhar para si, ele o desvia por um instante de nós mesmos e nos deixa como que perdidos no belo objeto; e esse perder-se, esse esquecer-se de si mesmo, é o mais alto grau do puro e desinteressado aprazimento proporcionado pelo belo. Nós sacrificamos momentaneamente nossa existência individual e limitada em nome de um tipo de existência mais elevada".[7]

---

5 Karl Philipp Moritz, *Schriften zur Ästhetik und Poetik*, 1962, p. 3.
6 Ibid., p. 4.
7 Ibid., p. 5.

Em retrospecto, parece imediatamente claro e quase evidente que a noção de autonomia estética, tal como se propagou de uma teoria geral da arte — primeiro orientada para a poesia e a pintura ou para a escultura — a uma estética musical, encontrou seu objeto adequado precisamente na música instrumental "absoluta", despida de funções e programas "extramusicais"; no entanto, para a época, isso foi deveras surpreendente. Pois a música instrumental, carente de conceito, objeto e propósito, representava para o pensamento burguês algo sem discurso e vazio, como apontam as invectivas de Jean-Jacques Rousseau e as insolentes glosas de Sulzer — apesar dos êxitos de Mannheim[8] em Paris e da crescente fama de Joseph Haydn. Além disso, o começo de uma teoria da música instrumental é marcado por apologetas submissos às categorias dos adversários. O fato de que Johann Mattheson, em 1739, tenha caracterizado a "música instrumental" como "discurso sonoro ou linguagem de sons"[9] foi uma forma de tentar uma justificativa que operava com o argumento de que a música instrumental seria "autêntica", essencialmente o mesmo que a música vocal. Ela também deveria — e poderia — mover o coração ou empregar de modo útil a imaginação do ouvinte, como se fosse uma cópia de um discurso inteligível. "Assim, é um prazer! Para tanto é necessário muito mais arte e um poder imaginativo mais forte, quando, sem as palavras, mais do que com a ajuda delas, deve-se obter êxito."[10]

---

8 Mannheim refere-se aqui à orquestra da cidade, cujas experimentações de novas formações orquestrais, além de virtuosismo, versatilidade nas dinâmicas etc., contribuíram enormemente, a partir de meados do século XVIII, para a definição das orquestras modernas no século XIX. [N. T.]
9 Johann Mattheson, *Der vollkommene Capellmeister*, 1739. Reedição: 1954, p. 82.
10 Ibid., p. 208.

Se, por um lado, a defesa prematura da música instrumental, ainda dependente e orientada pelo modelo da música vocal, baseou-se nas fórmulas e nos topoi da doutrina dos afetos e da estética do sentimento, por outro lado, como mostraremos no capítulo "Estética do sentimento e metafísica", prevaleceu no desenvolvimento de uma teoria autônoma da música instrumental uma tendência contrária à característica sentimental da música como "linguagem do coração" ou ao menos uma tendência à reinterpretação, in abstracto, dos afetos tangíveis como sentimentos evanescentes e apartados do mundo. Trata-se de uma inclinação que Novalis e Friedrich Schlegel coadunaram com uma atitude aristocrática — uma irritabilidade polêmica contra a cultura do sentimento e da vida social do fim do século XVIII, para eles caracterizada por uma visão estreita. A estética do sentimento do período, denominada de *Empfindsamkeit*, era genuinamente burguesa, tal como a teoria da arte calcada na filosofia moral, com a qual se relacionava. E somente em contradição com ela — e com a doutrina da utilidade — foi que surgiu o princípio da autonomia, cujo caráter social é, portanto, contraditório. Em nome do princípio da autonomia, a música instrumental, até então mera sombra e um modo deficiente da música vocal, foi elevada ao patamar de paradigma estético-musical — como epítome do que a música é, acima de tudo. Assim, o que antes aparecia como carência da música instrumental — sua privação de conceito e objeto — passou a ser declarado como privilégio.

Pode-se falar sem exagero de uma "mudança" estético-musical de paradigma, de uma reversão das representações fundamentais estéticas. E, para um respeitável filisteu como Sulzer, deve ter sido um incômodo paradoxo o fato de a música instrumental ser elevada para além do que é ponderável (ainda mais uma elevação anunciada no verbete "Sinfonia", escrito por Abraham Peter Schulz na *Allgemeine Theorie der schönen Künste* de Sulzer). A ideia de "música absoluta" — como a música instrumental poderia agora ser chamada, apesar de o termo só ter aparecido meio século depois — consiste na convicção de que a música instrumental, precisamente por carecer de conceito, objeto e propósito, expressa a essência da música pura e imaculada; decisivo não é o fato de que ela exista, mas o que ela representa. A música instrumental, como simples estrutura, sustenta-se por si só; ela constrói, afastada dos afetos e sentimentos do mundo vulgar, um "mundo à parte para si mesma".[11] E não foi por acaso que foi o mesmo autor, Ernst Theodor Amadeus Hoffmann, que primeiro, por um lado, falou do sentido enfático da música como estrutura[12] e, por outro lado, proclamou que a música instrumental seria a música "autêntica", com a linguagem representando um acréscimo "extrínseco" à música, por assim dizer. Para ele, "quando se fala da música como uma arte autônoma, deve-se referir sempre somente à música instrumental, a qual, desprezando cada auxílio e cada mescla com outra arte, expressa puramente a essência peculiar da arte só reconhecida nela mesma".[13]

A tese de que a música instrumental — a saber, aquela sem função ou programa — seria a música "autêntica" foi, entretanto, desgastada pela trivialidade, que determina o manejo diário da música sem que se tenha dela uma consciência ou mesmo que se possa dela duvidar. Contudo, essa tese deve ter surgido como um paradoxo desafiador, pois contradizia abruptamente um conceito de música mais antigo que perseverara numa tradição de milhares de anos.

---

11 "Abgesonderte Welt für sich selbst" (Wilhelm Heinrich Wackenroder, *Werke und Briefe*, 1967, p. 245).
12 Klaus Kropfinger, "Der musikalische Strukturbegriff bei E. T. A. Hoffmann", em *Bericht über den internationalen musikwissenschaftlichen Kongress: Bonn 1970*, 1971, p. 480.
13 E. T. A. Hoffmann, *Schriften zur Musik*, 1963, p. 34.

O que hoje pode parecer evidente por si só, como se estivesse prefigurado na natureza da coisa — que a música seria um fenômeno sonoro e nada mais, logo, que um texto pertenceria a momentos "extramusicais" —, prova-se um teorema moldado historicamente, que não tem mais que dois séculos. E com isso nos asseguramos do caráter histórico, para, de um lado, dar lugar à visão de que se pode mudar de novo o que foi historicamente constituído e de que não é preciso aceitá-lo como um fato natural, e, de outro lado, para apreender desse modo com mais precisão a essência do conceito de música dominante hoje em dia, que se faz consciente da origem (das condições que o trouxeram) e do fundo contra o qual ele se destaca.

O conceito mais antigo de música, contra o qual a ideia da música absoluta precisava se impor, teve origem na Antiguidade e nunca havia sido questionada até o século XVII; tratava-se da ideia de que a música, tal como Platão formulara, consistia em harmonia, ritmo e logos. Por harmonia entendem-se os domínios do som regrados e racionalmente elaborados num sistema; por ritmo, a ordenação temporal da música contida na dança antiga ou no movimento organizado; e por logos, a linguagem como expressão da razão humana. Assim, música sem linguagem era algo reduzido, música reprimida em sua essência: como um modo deficiente ou mera sombra do que a música de fato é. (Caso se parta de um conceito de música ligado à linguagem, então pode-se justificar tanto a música vocal quanto a programática: ela aparece não como uma literarização secundária da música "absoluta", e o programa não como adição "de fora", mas sim como uma lembrança do logos, que deve sempre conter a música para que ela seja por completo o que de fato é.)

Segundo Arnold Schering (que ainda no século XX se apegava ao velho conceito de música, o que explica sua tendência para descobrir "diversos programas" nas obras instrumentais de Ludwig van Beethoven), somente por volta de 1800, "de modo desastroso e levando a sérios conflitos, aparece o fantasma do dualismo da música 'aplicada' (dependente) e 'absoluta' na consciência musical europeia. A partir deste momento não se conhece mais, como nas gerações passadas, um conceito de música único e indivisível, mas dois, que logo levarão a disputas em torno do alcance e da prioridade histórica, assim como em torno da questão de seus conceitos limítrofes e sua sistemática".[14] Não se pode considerar que houve uma dominação inflexível da ideia de música absoluta. Apesar de Haydn e Beethoven, a desconfiança no século XIX ante a música instrumental emancipada da linguagem não havia desaparecido em várias estéticas, como a de Georg Wilhelm Friedrich Hegel e, mais tarde, a de Georg Gottfried Gervinus, Heinrich Bellermann e Eduard Grell. Suspeitava-se do caráter artístico da música instrumental como desvio do "natural", ou da "carência de conceito" como afastamento da "razão". Estava profundamente enraizado o preconceito legado de que a música deveria depender da linguagem verbal para, de um lado, não decair em uma sonoridade de fato agradável mas que não toca o coração nem o entendimento, ou, de outro lado, não se tornar uma linguagem espiritual impenetrável. E embora não se tenha dispensado a música "absoluta" — ou seja, uma música instrumental que rejeitava a pintura sonora e que também não era percebida como "linguagem do coração" —, procurou-se refúgio em uma hermenêutica que impôs à "arte do som pura e absoluta" justamente aquilo que ela combatia: programa e caracterizações. Se a música instrumental no século XVIII fora, para os estetas do bom senso [*Common-sense-Ästhetiker*], a princípio uma "sonoridade agradável" *abaixo* da

14 Arnold Schering, "Kritik des romantischen Musikbegriffs", em *Von musikalischen Kunstwerk*, 1951, p. 90.

linguagem, já pela metafísica romântica da arte ela foi considerada uma linguagem *acima* da linguagem. O ímpeto, no entanto, de implicá-la em uma esfera intermediária da linguagem não pôde ser suprimido.

Contudo, a ideia de música absoluta tornou-se — gradualmente e em face das resistências — um paradigma estético da cultura musical alemã do século XIX. Quando se olham os repertórios e catálogos de obras, não se pode falar de hegemonia da música instrumental na era romântica e pós-romântica (mesmo que nos dias de hoje, como mostra a fortuna crítica, tenha sobrevivido acima de tudo a música instrumental, com exceção das óperas e de alguns oratórios e canções — o que não esconde a antiga predominância da música vocal); da mesma forma, é evidente que o conceito de música da época foi cada vez mais marcado pela estética da música absoluta, e de modo decisivo. Se mesmo os adversários de Eduard Hanslick falavam do texto como um momento "extramusical", a disputa contra o "formalismo" foi perdida antes de ser iniciada, pois Hanslick já a havia vencido no que se refere ao vocabulário adotado no combate. (O desenvolvimento da hegemonia da "arte do som pura e absoluta" como paradigma do pensamento sobre a música não se tornou inicialmente, de modo algum, tal como depois, no século XX, o correlato de uma desintegração da cultura literária. A ideia de música absoluta esteve, como ainda se mostrará a seguir, muito mais ligada à estética da primeira metade do século XIX, cuja categoria fundamental era o conceito do "poético" — não como síntese do "literário", mas como uma substância geral das diferentes artes. E se na estética de Arthur Schopenhauer, Richard Wagner e Friedrich Nietzsche — a teoria da arte dominante da segunda metade do século XIX — a música consiste em expressão da "essência" da coisa, enquanto a linguagem conceitual apenas adere aos "fenômenos", trata-se então efetivamente de um triunfo da ideia de música absoluta no interior da doutrina do drama musical, o que, no entanto, de forma alguma significa que a poesia pode ser negligenciada por ser mero veículo da música.)

O modelo intuitivo para o desenvolvimento da teoria da música absoluta por volta de 1800 foi a sinfonia: em *Seelenlehre der heutigen Instrumentalmusik* [Psicologia da música instrumental dos dias de hoje], de Wilhelm Heinrich Wackenroder, assim como no ensaio *Symphonien* [Sinfonias], de Ludwig Tieck, ou no esboço de uma metafísica romântica da música de E. T. A. Hoffmann, a qual constitui uma parte introdutória para a resenha da *Quinta sinfonia* de Beethoven. E se Daniel Schubart, já em 1791, louva uma obra instrumental com palavras que lembram os ditirambos de E. T. A. Hoffmann sobre Beethoven, o mesmo ocorre com uma sinfonia que inflama o entusiasmo, mesmo sendo de Christian Cannabich: "não se trata de um mero ruído de vozes [...], trata-se de um todo musical, cujas partes como efluências espirituais reconstituem um todo". Não consiste, portanto, em música de câmara. É a sinfonia que é "reconhecida como ponto mais alto da música instrumental", tal como escreveu Gottfried Wilhelm Fink ainda em 1838, na *Encyklopädie der gesammten musikalischen Wissenschaften* [Enciclopédia geral das ciências musicais], de Gustav Schilling.[15]

A interpretação da sinfonia, por sua vez, como "linguagem de um mundo espiritual", como "sânscrito misterioso" ou hieróglifos, não foi a única tentativa de chegar a um entendimento da "essência" da música instrumental absoluta sem objeto e conceito. Quando Paul Bekker, em 1918, em uma época de entusiasmo republicano, explicou a sinfonia do ponto de vista do compositor — "falar

---

15 Gustav Schilling, *Encyklopädie der gesammten musikalischen Wissenschaften*, 1838. Reedição: Hildesheim, vol. VI, 1974, p. 547.

com as massas através da música instrumental" —,[16] ele regredia, provavelmente sem saber, em uma interpretação que remonta ao período clássico. No *Musikalisches Lexikon* [Léxico musical], de Heinrich Christoph Koch, já em 1802, ainda antes da sinfonia *Eroica*, lia-se: "Porque a música instrumental não é absolutamente nada diverso da imitação do canto, a sinfonia em particular representa o lugar do coro, e, portanto, seu objetivo, assim como o do coro, é a expressão do sentimento de toda uma multidão".[17] Em oposição aos românticos, que descobriam na música instrumental a música "autêntica", Koch, um teórico musical do classicismo, manteve com firmeza a concepção mais antiga de que a música instrumental seria uma "abstração" da música vocal — e não o contrário, a música vocal como música instrumental "aplicada". (Lê-se no *Allgemeine musikalische Zeitung* [Jornal musical geral] de 1801 que Carl Phillipp Emanuel Bach teria mostrado que "a música pura não seria um mero invólucro para a música aplicada ou dela abstraída".)

O famoso enunciado de E. T. A. Hoffmann de que a sinfonia teria "se tornado, por assim dizer, a ópera dos instrumentos", citado por Fink ainda em 1838, parece implicar, segundo um entendimento raso, algo semelhante à caracterização de Koch.[18] Seria um equívoco dizer que Hoffmann, em 1809, um ano antes da resenha sobre a *Quinta sinfonia* de Beethoven, estaria ainda convencido de que as formas instrumentais deveriam provir da música vocal para que pudessem ser apreendidas esteticamente. Hoffmann queria acima de tudo dizer que a categoria da sinfonia na música instrumental seria análoga à da ópera

---

16 Paul Bekker, *Die Sinfonie von Beethoven bis Mahler*, 1918, p. 12.
17 Heinrich Christoph Koch, *Musikalisches Lexikon*, 1802. Reedição: 1964, p. 1386.
18 E. T. A. Hoffmann, *Schriften zur Musik*, 1963, p. 19.

na música vocal; ao mesmo tempo que, sugeria ele, a sinfonia se aparentava com um "drama musical".[19] O conceito de drama dos instrumentos, no entanto, remete a Wackenroder e Tieck[20] e suas "fantasias sobre a arte", às quais Hoffmann parece se associar. Com isso, não é dito nada mais a não ser a variedade ou — como diz Tieck — "a bela confusão" dos caracteres musicais em um movimento de sinfonia. O caos dos afetos, ao qual Christian Gottfried Körner opôs uma demanda de unidade do éthos, é mero fenômeno superficial, entretanto. O fato de que, numa rápida observação, a impressão faça surgir uma "total falta de unidade verdadeira e de coerência interna" enquanto desperta ao "olhar profundo uma bela árvore, botões e folhas, flores e frutas nascendo da semente" significa para Hoffmann o atributo comum da sinfonia beethoveniana e do drama shakespeariano, e, logo, do tipo dramático paradigmático para os românticos.[21] A consideração sobre o drama dos instrumentos é, portanto, uma analogia estética, a qual deve apontar, através da lembrança de Shakespeare, para a "elevada circunspecção" subjacente à aparente desordem da sinfonia.

Em 1838, a designação da sinfonia como "ópera dos instrumentos" foi hesitantemente aceita por Fink, que transformou suas características ou — como ele mesmo disse — as refinou para serem "a grande sinfonia comparada à realização dramática de uma novela sentimental". "É a história de certo estado sentimental comum às massas, desenvolvida num contexto psicológico, narrada mediante sons e conduzida dramaticamente, que, inspirada num rompante principal, expressa, individualmente, seu sentimento essencial em cada forma de representação popular, por meio

---

19 Ibid., p. 24.
20 Wilhelm Heinrich Wackenroder, *Werke und Briefe*, 1967, pp. 226 e 255.
21 E. T. A. Hoffmann, *Schriften zur Musik*, 1963, p. 37.

de cada instrumento engajado no todo."[22] Claramente, o modelo ilustrativo com o qual a eclética descrição de Fink se relaciona — o lírico, o épico e o dramático conjugados — é a *Eroica* de Beethoven. E essa mesma obra inspirou Adolf Bernhard Marx em sua teoria da "música ideal", em 1859. (Com certo exagero pode-se dizer que a exegese romântico-"poética" da sinfonia se referia à *Quinta sinfonia* de Beethoven, a exegese "caracterizante" típica dos jovens hegelianos referia-se à Terceira, e a "programática" novo-alemã [*neudeutsch*], à *Nona*.) A *Eroica* é, segundo Marx, "a única obra na qual a arte do som autonomamente — sem ligação com a palavra do poeta ou a ação do diretor teatral —, pela primeira vez e com uma obra autônoma, se desvencilha do jogo das formas e das emoções e dos sentimentos indeterminados e, na esfera da consciência clara e determinada, torna-se madura e estabelece-se pareadamente no círculo de suas irmãs".[23] (O "pareamento" da música junto à poesia e à pintura foi também o motivo central da apologia de Liszt à música programática.) O mero "jogo dos sons" representa para Marx — cuja construção estético-histórico-filosófica que sustenta a interpretação de Beethoven se baseia no esquema triádico da "psicologia das faculdades" [*Vermögenspsychologie*], ou seja, na divisão das capacidades da alma em sentidos, sentimento e espírito — um nível de desenvolvimento primeiro e primitivo, enquanto a expressão das "emoções e dos sentimentos indeterminados" representa um segundo, mais elevado, mas que deve ser prontamente suplantado. Somente com a passagem da "esfera do sentimento" para a da "ideia" a música alcança o objetivo traçado desde sempre ao longo da história.

---

22 Gustav Schilling, *Encyklopädie der gesammten musikalischen Wissenschaften*, 1838, p. 548.

23 Adolf Bernhard Marx, *Ludwig van Beethoven*, vol. I, 1884 (4. ed.), p. 271.

"Essa foi a realização de Beethoven."[24] Na *Eroica* completa-se a história da música. Uma "ideia" é elevada à arte no sentido enfático apenas quando sua "aparência sensível" se desenvolve de modo veloz na sinfonia, segundo uma imagem da vida [*Lebensbild*][25] progressiva — do contrário, ela não passa, para Marx, de uma "carência psicológica". A metafísica romântica de Marx — no espírito dos jovens hegelianos — é trazida de volta à Terra.

A expressão "imagem da vida" — recorrente na *Estética* de Friedrich Theodor Vischer como característica da sinfonia —[26] aparece como palavra-chave de uma teoria da sinfonia que apresenta um plano alternativo à "poética" da música absoluta. Primeiro, o conceito de uma música "absoluta", livre de funções, textos e até mesmo afetos — um conceito que, para os jovens hegelianos, assim como para os novos alemães [*Neudeutschen*], pareceu inadequado na interpretação de Beethoven — foi trivializado por Marx na representação de uma música "meramente formal", reduzida ao elemento sensível; música na qual se acreditava reconhecer um primeiro nível de desenvolvimento — com uma projeção singular da "psicologia das faculdades" sobre a história. Segundo, o espiritual musical, que a metafísica romântica da música instrumental encontrou explicitado na "arte pura e absoluta" — como um "pressentimento do infinito", do absoluto —, foi tomado por Marx como música "característica" e por Franz Brendel como "programática", no que se viu um "progresso" da expressão de sentimentos "indeterminados" para representação de ideias "determinadas". (Sem dúvida, a estética

---

24 Ibid., p. 275.
25 Ibid., p. 274; cf. Adolf Bernhard Marx, *Die Musik des neunzehnten Jahrhunderts und ihre Pflege*, 1873 (2. ed.), p. 52.
26 Friedrich Theodor Vischer, *Ästhetik oder Wissenschaft des Schönen*, vol. V, 1923 (2. ed.), p. 381.

de Marx uniu-se a uma tradição autêntica: a tendência à "representação de caráter" [*Charakterdarstellung*], no sentido dado por Christian Gottfried Körner de que essa representação pertencia às características fundamentais da sinfonia clássica, tanto em Beethoven como em Haydn.) Apesar do "poético" etéreo, Marx buscou a essência da sinfonia num "característico" bem definido, e Brendel, num "programático" detalhado. (A metafísica da música instrumental, que por volta de 1850 parecia estar morta e enterrada, celebrou logo seu restabelecimento, no entanto, no renascimento de Schopenhauer possibilitado por Wagner e mais tarde por Nietzsche.)

A sinfonia, e não o quarteto de cordas — como a epítome do camerístico musical —, representa o modelo intuitivo no qual se desenvolveu a ideia de música absoluta, e esse fato se fundamentou menos na natureza da coisa do que na essência da reflexão estética, que como publicidade se orientou pela sinfonia como gênero de concerto público, enquanto o quarteto de cordas, que pertencia a uma cultura musical privada, permanecia na sombra. Apesar de Beethoven, ainda que um pouco hesitante, tenha procurado já no início do século dar publicidade ao quarteto — a mudança do caráter social do gênero no *opus 59* é, por assim dizer, parte da composição, embora o *Quartetto serioso opus 95* devesse originalmente permanecer retirado da publicidade —, Robert Schumann afirma em *Zweiter Quartettmorgen* [Segunda manhã do quarteto], texto de 1838 sobre uma obra de Karl Gottlieb Reissiger, que ela seria "um quarteto para se ouvir ao brilho luminoso de velas e entre belas mulheres" — logo, uma peça de salão —, "enquanto verdadeiros beethovenianos fecham as portas e refestelam-se e sorvem cada compasso".[27] Por "beetho-

---

27 Robert Schumann, *Gesammelte Schriften über Musik und Musiker*, 1914, pp. 338-9.

venianos" entende-se, nos anos 1830, não simplesmente os seguidores de Beethoven, mas aqueles que também, e acima de tudo, reverenciavam as obras mais tardias. Entretanto, o esoterismo[28] no qual o quarteto de cordas incorria ao revelar claramente a essência da "arte do som pura e absoluta" — em vez de tender a uma peça de salão, como a obra de Reissiger — evitou nesse meio-tempo que a ideia de música absoluta, que era mais dos literatos que dos músicos, aderisse ao gênero diante da consciência pública, gênero esse que, por critérios internos, deveria parecer predestinado a isso. Também é característico o que escreveu Carl Maria von Weber sobre os quartetos de Friedrich Ernst Fesca: o compositor atesta, ao optar pelo gênero, que se pode contá-lo como sendo "um dos poucos de nosso tempo em que a arte tende à superficialidade, que ainda são sérios com o estudo da mais profunda essencialidade da arte".[29] Além disso, diz do "estilo de quarteto" que ele "pertence por assim dizer mais ao círculo social e doméstico sério".[30] Em outras palavras: "a mais profunda essencialidade da arte" mostra-se quando nos retiramos do mundo, da vida pública.

Ferdinand Hand — cuja obra *Ästhetik der Tonkunst* [Estética da arte do som] é historicamente significativa (sem cativar pela pretensão filosófica ou por insólitos pontos de vista musicais) enquanto, por assim dizer, representa por volta de 1840 a "consciência normal" de pessoas cultivadas —, apesar de sempre ter visto o "ponto culminante" da música instrumental ainda na sinfonia,[31] louvou o quarteto de cordas como "o florescimento da nova música; pois ele

---

28 Dahlhaus utiliza o termo *Esoterik* aparentemente no sentido da confusa abstração inerente a essa maneira de considerar a questão. [N. T.]
29 Carl Maria Weber, *Sämtliche Schriften*, 1908, p. 337.
30 Ibid., p. 339.
31 Ferdinand Hand, *Ästhetik der Tonkunst*, vol. II, 1841, p. 405.

se estabelece como o mais puro resultado da harmonia [...]. Quem [...] penetrou na essência e na atividade da harmonia considerará, de um lado, plenamente justificados os dizeres de Weber sobre o pensamento na música, e, de outro lado, reconhecerá a totalidade da atividade espiritual com a qual uma obra é não só criada pelo artista como também apreendida pelo ouvinte".[32] (Entendendo-se "harmonia" como sinônimo de "movimento puro", o artificial da música.) Nesse meio-tempo, a sinfonia, o "drama" dos instrumentos, ainda aparecia como o gênero supremo da música instrumental (análogo ao drama na poesia do século XIX). Se, no entanto, o quarteto de cordas representa o "pensamento na música", então ele devia gradualmente se tornar a quintessência da música absoluta na mesma medida que se tornava menos acentuado em sua ideia o momento metafísico, o pressentimento do absoluto, do que o especificamente estético — o pensamento de que a forma na música seria espírito, e o espírito na música seria forma. Segundo Karl Köstlin, que escreveu as seções especificamente teórico-musicais da estética de Friedrich Theodor Vischer, o quarteto de cordas é "uma música do pensamento [*Gedankenmusik*] da arte pura": "os dois lados, o formal e o material" — ou seja, o "artesanal" e o sonoramente "sombrio" —, "finalmente se unem num único e mesmo resultado; em particular, que essa música [o quarteto de cordas] é a mais espiritual, não no sentido ético, mas espiritual no sentido da medida do pensamento e da antítese à vitalidade sensivelmente naturalística; ela nos leva do burburinho ruidoso da vida ao interior do domínio das sombras do ideal" — a metafísica do início do século, na qual se acreditava, decaiu até uma reconfortante ficção —, "no mundo não sensível do que se retrai na vida mais oculta dos sentimentos, essa vida dos sentimentos em si mesma internamente oposta

---

32 Ibid., p. 386.

ao espírito; ela realiza precisamente esse lado ideal da música instrumental; ela é uma música do pensamento da arte pura, fora da qual nós logo retornamos livremente à plena realidade do modo naturalmente mais rico em sons".[33] No conceito de "arte pura", tal como utilizado por Köstlin, uma antiga acepção — "arte" como epítome do "técnico-artificial" e do "aprendido", do "movimento puro" — transforma-se em uma nova "arte" como caráter artístico no sentido da essência estética da música. E a história da palavra aparece como reflexo de uma transformação de ordem histórico-social e intelectual: a "arte pura" no sentido formal, algo que sempre foi concedido ao quarteto de cordas, foi também aceita nos anos 1850 (Hanslick publicou em 1854 o tratado *Vom Musikalisch-Schönen* [Do belo musical]) como "arte pura" no sentido estético — como pura expressão da "aparência sensível da ideia" (Hegel) na música.

O fato de que o amortecimento da metafísica romântica da música instrumental realizado por Hanslick em uma estética do "especificamente musical" (ligado ao axioma de que a forma seria espírito na música) tenha franqueado uma chance para o quarteto de cordas "puramente formal" aparecer como paradigma da "arte do som pura e absoluta" não implica, entretanto, que o momento metafísico da ideia da música absoluta tenha sido extinto: ele ressurgiu no renascimento de Schopenhauer possibilitado por Wagner desde os anos 1860. E nos quartetos tardios de Beethoven, os quais — principalmente graças à atividade dos irmãos Müller — invadiram a consciência pública musical por volta dessa época, o momento artificial-esotérico não se separa do metafísico-ideal [*metaphysisch-ahnungsvollen*].[34]

---

33 Friedrich Theodor Vischer, *Ästhetik oder Wissenschaft des Schönen*, vol. V, 1923, p. 338.

34 No sentido de um momento cheio de pressentimentos de ordem metafísica. [N. T.]

Para Nietzsche, eles apresentam, portanto, a mais pura expressão da música absoluta:

> Sentimos na mais alta revelação da música, mesmo involuntariamente, a rudeza de cada figuração e de cada afeto designado por analogia: por exemplo, os últimos quartetos de Beethoven depreciam totalmente toda plasticidade, absolutamente todo o domínio da realidade empírica. O símbolo em face do mais alto deus verdadeiramente revelador de si mesmo [a saber, Dioniso] não tem mais nenhum significado: ele aparece agora como uma ofensiva banalidade.[35]

Os quartetos tardios de Beethoven, por volta de 1870, aparecem como paradigma da ideia de música absoluta, que havia surgido na virada do século como uma teoria da sinfonia: a ideia de que música seria a revelação do absoluto justamente por se destacar de figurações e, por fim, mesmo de afetos.

---

35 Friedrich Nietzsche, "Über Musik und Wort", em *Sprache, Dichtung, Musik*, 1973, p. 25.

Desvios da história do conceito

A história do termo é bastante curiosa. A expressão "música absoluta" decorre de Wagner, e não de Eduard Hanslick, como sempre se reivindicou. E a intricada dialética, que na estética de Wagner se escondeu por detrás da fachada de fórmulas apologéticas e polêmicas, definiu o desenvolvimento do conceito de música absoluta até o século xx.
No "programa" para a *Nona sinfonia* de Beethoven, que Wagner compilou em 1846 com base em citações do *Fausto* [de Goethe] e em comentários estéticos, fala-se do recitativo instrumental do quarto movimento: "quase já abandonando os limites da música absoluta, com um discurso forte e pleno de sentimento, compelido à decisão, [ele] confronta os demais instrumentos, e torna-se finalmente um tema cantado".[1] A "decisão" a que Wagner se refere é a transição da música instrumental "indeterminada" e sem objeto para a música vocal objetiva e "determinada". Wagner atribui à música instrumental pura uma "expressão infinita e indecisa"; e em uma nota de rodapé cita Ludwig Tieck, que percebeu nas sinfonias "o anseio insaciável, perdido e recolhido em si mesmo a partir do mais profundo fundamento".[2] A teoria da música instrumental — à qual Wagner aderiu quando falou de música absoluta — foi a metafísica romântica. No entanto, a "expressão infinita e indecisa" deveria, em vez de valer como uma linguagem do reino espiritual, converter-se em uma expressão finita e decidida — ou seja, trazida de volta à Terra. "O primeiro,

---

1 Richard Wagner, *Gesammelte Schriften und Dichtungen*, vol. II, 1914, p. 61.
2 Ibid., p. 61.

o início e o fundamento de tudo o que existe e pode ser pensado é o ser real e sensível."[3]

Contudo, a estética de Wagner é fragmentada. A contradição, revelada pela linguagem, de se falar em "limites" de uma música absoluta que também expressa o "infinito", essa contradição é o signo de uma cisão do julgamento. Na introdução ao "programa", Wagner enfatiza que a citação de Goethe não denota o "significado" da *Nona sinfonia*, mas apenas induz a um "estado anímico" [*Seelenstimmung*] análogo; pois uma hermenêutica consciente de suas fronteiras deveria conceder "que a essência da música instrumental elevada consiste nomeadamente em expressar em sons o que é inexprimível por palavras".[4] A argumentação não é, na verdade, abertamente contraditória: pode-se muito bem perceber os programas como inadequados — como se não alcançassem a "essência da música instrumental elevada" — e ainda louvar a passagem da música instrumental para a vocal como "redenção" do "som" por meio da "palavra". Além disso, se a indeterminação da música instrumental é primeiro elevada à expressão do que é impossível dizer por meio da "palavra" — e isso significa, na tradição do tópos da inefabilidade, o elevado —, para depois ser designada como "indecisa" e empurrada para a "decisão", então a mudança do acento valorativo é inconfundível. A "música audaz, sem palavras", como diz Wackenroder, é de novo, como na primeira fase do século XVIII, depreciada ante a linguagem.

Alguns anos depois, em *Das Kunstwerk der Zukunft* [A obra de arte do futuro] (1849) e *Oper und Drama* [Ópera e drama] (1851), a expressão "música absoluta", imperceptível e isolada no "programa" — ou o campo verbal que abarca as expressões "música absoluta", "música instrumental absoluta", "linguagem absoluta dos sons",

---

3 Id., *Gesammelte Schriften und Dichtungen*, vol. III, p. 55.
4 Id., vol. II, p. 56.

"melodia absoluta" e "harmonia absoluta" —, torna-se o vocábulo central de uma construção histórico-filosófica ou histórico-mitológica que visa ao drama musical. Wagner nomeia como "absolutas" — em tom polêmico — todas as "artes parciais" arrancadas da "obra de arte total" [*Gesamtkunstwerk*]. (O "espetáculo mudo absoluto"[5] emancipou-se do drama, a pantomima sem palavras.) A coloração da palavra "absoluto" mudou, e de maneira clara, como Klaus Kropfinger reconheceu,[6] sob a influência da filosofia de Ludwig Feuerbach. "Música absoluta" é, segundo Wagner, uma música "destacada" e arrancada de suas raízes na linguagem e na dança; uma música, portanto, ruim e abstrata. Wagner, que esperou do drama musical um renascimento da tragédia grega, voltou-se para o paradigma estético-musical da antiga origem, de onde, no fim do século XVIII, se erguera de forma polêmica a metafísica romântica da música instrumental. Para ser verdadeiramente música no sentido irrestrito da palavra, a harmonia deve ser a coesão sonora, com o ritmo e o logos, e isso quer dizer: manter-se unida ao movimento ordenado e à linguagem. Para Wagner, isso significa: no drama musical a música combina-se com a ação cênica — como movimento corporal — e com o texto poético, e só assim alcança uma completude que lhe é negada na condição de música absoluta. A "obra de arte total" é especificamente a "música autêntica", ao passo que a música "absoluta", separada de sua fundação e justificação por meio da linguagem e da ação, é um modo deficiente.

Entretanto, o ímpeto de restaurar a "antiga verdade" (de onde brotaram consequências revolucionárias, como em Monteverdi e Gluck) não significa de maneira alguma uma negação da tradição imediata. Se Wagner, em 1846, procurou no "programa" para a *Nona sinfonia* suporte na

---

5 Id., vol. III, p. 80.
6 Klaus Kropfinger, *Wagner und Beethoven*, 1974, p. 136.

metafísica romântica da sinfonia para depois buscar suplantá-la, então a ideia de Wackenroder, Tieck e E. T. A. Hoffmann nos escritos de reforma [*Reformschriften*] de Wagner em torno de 1850 — que, apesar da intenção polêmica, contribuíram para a ideia com o termo "música absoluta" — não foi extinta, mas sim superada [*aufgehoben*].

A obra de arte do futuro é dedicado a Ludwig Feuerbach, de quem Wagner toma ou parodia o título do livro *Grundsätze der Philosophie der Zukunft* [Princípios da filosofia do futuro] (1843). E o conflito de Wagner com a "música absoluta" de Beethoven é um análogo perfeito da competição de Feuerbach com a "filosofia absoluta".[7] A "filosofia absoluta" é o pensamento especulativo de Hegel, distorcido polemicamente pela perspectiva de um filósofo orientado de modo antropológico, que queria descer ou retornar da metafísica rebuscada em direção de uma empiria da existência corpórea humana. A "filosofia absoluta" é uma filosofia do "absoluto", interpretada ou denunciada como uma filosofia arrancada de suas raízes no mundano-humano e, a esse respeito, como "absoluta" em outro sentido. A pretensão metafísica deve ser evidenciada como ficção; e o duplo sentido da palavra "absoluto" é o veículo verbal da polêmica contra a especulação hegeliana. O conteúdo [*Gehalt*] religioso metafísico, que Hegel compreendeu no conceito, não foi, no entanto, simplesmente negado ou revelado como vazio por Feuerbach, mas de certo modo ele o restituiu ao humano corpóreo como sua propriedade ancestral, que para ele foi "alienada" [*entfremdet*] pelo dogma teológico e filosófico. A tradição imediata — da metafísica — é, então, assim como na teoria da música instrumental de Wagner, "superada": mantida, porém transformada, e precisamente por isso trazida de volta a si mesma.

---

7 Ludwig Feuerbach, *Kleine Schriften*, 1966, pp. 81 e 216-ss.

Wagner caracterizou como "melodia absoluta", como música de raízes aéreas, o estilo operístico de Gioachino Rossini. Se a música de Rossini foi compreendida por Heinrich Heine como expressão do espírito ou do não espírito do período da Restauração, Wagner, por sua vez, traçou um paralelo trocista entre a "monarquia absoluta", do Estado de Metternich, e a "melodia absoluta".[8] E, para depreciar a ária operística "desprendida de toda base linguístico-poética", ele nem ao menos evita termos vulgares como "tendência sem vida e sem alma", "repugnante" e "indescritivelmente asquerosa".[9]

O conceito de música absoluta, em decorrência disso, abrange, além da música instrumental, também uma música vocal "destacada da base linguístico-poética" e que flutua sobre a linguagem. No entanto, a música instrumental, ainda que permaneça marcada pela dança, não é, estritamente falando, absoluta. (A terminologia de Wagner não é decerto de todo consistente, e dificilmente poderia ser, dado que a expressão "música absoluta" é um termo genérico negativo determinado com base na antítese ao "drama musical": música instrumental é absoluta contanto que esteja "destacada" da dança, e também somente na medida em que a dança, cuja forma ela preserva, esteja "arrancada" do drama musical.)

A "música instrumental absoluta", tal como Wagner a compreendia, no sentido estrito da expressão, é a música determinada "não mais" por meio da dança e "ainda não" por meio da linguagem e da ação cênica. O "anseio infinito", cuja expressão fora sentida por E. T. A. Hoffmann nas sinfonias de Beethoven, aparece para Wagner como a consciência ou o sentimento de uma infeliz etapa

---

8 Richard Wagner, *Gesammelte Schriften und Dichtungen*, vol. III, 1914, p. 255.
9 Ibid., p. 89.

intermediária em que a origem da música instrumental está perdida e o objetivo futuro ainda não foi alcançado. Wagner, portanto, de maneira alguma nega a metafísica romântica da sinfonia, mas sim a reinterpreta como mera antítese, como um momento intermediário de um processo dialético, e não como fim da história da música. Como tal, ela é tão indispensável quanto provisória. "De Haydn e Mozart poderia e deveria surgir um Beethoven; o *genius* da música necessariamente esperava por ele, e sem demoras lá ele estava; quem agora, depois de Beethoven, será o que ele foi para Haydn e Mozart no âmbito da música absoluta? O gênio supremo não seria mais capaz de nada aqui, justamente porque o *genius* da música absoluta não necessita mais dele."[10]

Em todo caso, segundo Wagner, Beethoven ultrapassou o "absoluto musical" na "segunda metade" de sua obra, ou seja: desde a *Eroica*,[11] e de modo tal que buscou, de forma combativa, transformar uma "expressão infinita e indecisa", à qual a pura música instrumental está de fato circunscrita, em uma música instrumental determinada e limitada.[12] Nisso, Beethoven enredou-se na aporia de que, na busca por um objetivo falso e inalcançável — o intuito de forçar na música instrumental uma expressão objetivamente individualizada e determinada —, ele descobriu o meio musical que mais tarde tornou possível alcançar o verdadeiro objetivo da história da música: uma música vocal que não só acompanha e ilustra a linguagem, mas também a "atualiza para os sentimentos". O "erro" de Beethoven, como Wagner o denominou, foi histórico-dialeticamente a condição de possibilidade do drama musical.

---

10 Ibid., pp. 100-1.
11 Klaus Kropfinger, *Wagner und Beethoven*, 1974, pp. 139-40.
12 Richard Wagner, *Gesammelte Schriften und Dichtungen*, vol. III, 1914, pp. 278-9.

A música instrumental absoluta, que é expressão do "anseio infinito", se for tomada literalmente, parece reduzir-se na construção histórica de Wagner ao momento de desaparecimento. As sinfonias mais antigas (e ainda a *Sétima sinfonia* de Beethoven como "apoteose da dança"), por um lado, não estão "destacadas" por completo da dança como raiz da música instrumental; por outro lado, a *Eroica* e a *Quinta sinfonia* já vão além do "absoluto musical", dado que tateiam (sem alcançar) a expressão individualizada e objetivamente determinada; e o coro final da *Nona sinfonia* significa a "redenção" do "som" através da "palavra". Assim, a música instrumental absoluta não é tanto um gênero firmemente definido, e sim um momento dialético no desenvolvimento da história da música que impele ao drama musical, à tragédia renascida.

A música instrumental absoluta, entendida como expressão do "infinito", quase nunca se permitiu caracterizar como pura na realidade histórica vista por Wagner, o que não o impediu de se apropriar da ideia de E. T. A. Hoffmann de que a sinfonia apreende em sons o espírito da era moderna cristã, embora com uma distorção histórico-filosófica estranha a Hoffmann: o paganismo com o qual Wagner se identificava, como seguidor de Feuerbach, permitiu-lhe falar da música cristã como um momento superado na dialética da história da música.

Em *A obra de arte do futuro* lê-se: "Ainda não devemos abandonar a imagem do mar à essência da arte sonora. Se o ritmo e a melodia" — que são elementos musicais dependentes [*abhängige Musik*] da dança e da linguagem, respectivamente — "são a costa na qual a arte sonora recolhe ambos os continentes artísticos que lhe são alheios e os põe em contato fértil" — o conceito de dança abrange a ação e a gesticulação dramáticas —, "então o som mesmo é seu fluido original, embora a imensurável extensão dessa fluidez seja o mar da harmonia. O olho reconhece apenas a superfície desse mar: só a profundeza do coração apreende a profundeza da harmonia".[13] A "harmonia absoluta"[14] é enaltecida por Wagner como uma linguagem que não se distingue em nada da exuberância metafísica de Tieck, Wackenroder e E. T. A. Hoffmann; uma exuberância que faz uma combinação péssima com o tom da antropologia de Feuerbach: "O homem mergulha nesse mar para voltar à luz do dia renovado e belo; seu coração se sente maravilhosamente dilatado ao olhar as profundezas capazes dessas possibilidades inconcebíveis, cujo fundo seu olho jamais pode estimar, cuja inescrutabilidade assim o preenche de admiração e pressentimento do infinito."[15] A metafísica da "harmonia absoluta" não é, no entanto, a palavra final sobre a "essência da arte sonora"; ela é antes envolvida por uma dialética histórica que inscreve o drama musical como "resolução" do "som" por meio da "palavra". Wagner leva adiante sua metáfora: "O heleno, ao navegar pelo seu mar, jamais perdeu de vista a costa: para ele foi a corrente mais segura que o levou de litoral em litoral, nela ele atravessou as margens insuspeitas segundo o pulsar melódico do leme; aqui os olhos voltam-se para a dança das ninfas selvagens, e o ouvido, para o hino dos deuses, cuja toada semântico-melódica carregou para ele os ares do templo do alto da montanha".[16] Na Antiguidade, a harmonia, em vez de ser "absoluta", estava ligada ao ritmo ("dança das ninfas selvagens") e ao logos ("hino dos deuses"). Em contraste, a música da era cristã é idealmente "harmonia absoluta", em cujo conceito, tanto para Wagner como para E. T. A. Hoffmann, a polifonia vocal de Palestrina e a música

---

13 Ibid., p. 83.
14 Ibid., p. 86.
15 Ibid., p. 83.
16 Ibid., p. 84.

instrumental moderna se fundem histórica e filosoficamente de maneira estranha, sem distinção, mesmo sendo tão destoantes na realidade musical. "Cristo partiu das margens da vida. Ele buscou o mar — distante e ilimitado — para ficar irrestritamente sozinho no oceano, entre o mar e o céu."[17] A harmonia cristã, por mais elevada que pareça, deve, no entanto, ser redimida pela melodia de um drama neopagão: uma melodia em nome da qual Beethoven desenvolveu os meios musicais na sinfonia sem reconhecer seus verdadeiros propósitos. (O que foi alcançado na sinfonia — na qual a harmonia cristã culmina — foi "superado" [*aufgehoben*] no drama do futuro, para o qual a sinfonia tendeu de maneira inconsciente.) "Mas na natureza tudo que há de desmesurado luta por medida; tudo de irrestrito atrai para si mesmo restrições [...]. Se Colombo nos ensinou a navegar pelo oceano e a assim conectar todos os continentes da Terra; [...] assim também as novas e inesperadas costas são conquistadas através do herói que atravessa o amplo mar sem margens da música absoluta até suas fronteiras [...], e esse herói não é outro senão Beethoven."[18] (A metáfora de Colombo foi invertida de várias maneiras: se, por um lado, Wagner, em *A obra de arte do futuro*, se refere ao descobrimento da América por Colombo — e a Beethoven ter buscado no coro final da *Nona sinfonia* a "resolução" do "som" através da "palavra" —, por outro lado, em *Ópera e drama*,[19] ele evoca o fato de Colombo ter insistido durante toda a vida no erro de que a América seriam as Índias — e de Beethoven ter possibilitado o desenvolvimento dos meios musicais que descobriu, que na verdade pertencem à linguagem sonoro-verbal do drama, somente pelo poder do erro de tratá-los como meio de

17 Ibid.
18 Ibid., pp. 85-6.
19 Ibid., p. 278.

uma expressão individualizadora e objetivamente determinada em uma linguagem sonora pura.)

A dialética histórica que impele ao drama musical, apesar de tão enfatizada, não representa de maneira alguma, no entanto, a totalidade da estética de Wagner. Para ele, é a "essência da arte sonora" o que a "figura do mar" expressa — a "harmonia absoluta". Permanece não apaziguada a desavença entre uma filosofia da história — em que a música absoluta aparece como antítese e estado intermediário de um processo dialético — e uma ontologia — em que, como "pressentimento do infinito", ela toca a essência da coisa. Parecem divergir entre si a estética arcaizante, que tende a reduzir a música instrumental pura a um modo deficiente de música, e a metafísica romântica, na qual a música absoluta se apresenta como a música verdadeira; a construção apologética com a qual Wagner procurou elevar a própria obra ao fito da história da música e a herança romântica da qual secretamente se nutriu seu conceito de música.

A contradição retorna de maneira diferente em 1857, na carta aberta *Über Franz Liszts symphonische Dichtungen* [Sobre os poemas sinfônicos de Franz Liszt], na qual Wagner utiliza a expressão "música absoluta" pela última vez. "Ouçam minhas crenças: a música não pode nunca, e em nenhuma conexão que estabelece, deixar de ser a arte mais elevada e mais redentora." (Enquanto isso, em 1854, Wagner havia se apropriado da metafísica da música de Schopenhauer.) "Mas, por mais óbvio que pareça, é certo que a música só se deixa apreender em formas advindas de uma relação da vida ou de uma expressão da vida que são originariamente estranhas à música, e que só através desta recebem seu sentido mais profundo, como que em virtude da revelação da música nelas latente." (Wagner, mesmo depois de sua conversão a Schopenhauer, não queria expor a tese, presente em *Ópera e drama*, de que a música seria dependente da linguagem e da dança como "motivos formais" [*Formmotiven*].) "Nada é (entenda-se bem: para sua aparência na vida) menos absoluto que a música, e os defensores de uma música absoluta obviamente não sabem o que dizem; para confundi-los bastaria lhes pedir que nos mostrassem uma música para além da forma que ela retirou do movimento corpóreo ou dos versos da linguagem (segundo a conexão causal)." (Os adendos entre parênteses [de Wagner], quando se parte da diferença entre a gênese de algo e sua validade, são quase uma revogação: embora a música necessite de um motivo formal extramusical para sua existência, ela é em sua essência absoluta.) "Assim, portanto, concordamos e confessamos que a música divina teve de receber neste mundo humano um momento enleador — sim, como vimos — e condicionante para a possibilidade de seu fenômeno."[20] A polêmica diante da expressão "música absoluta", que nesse meio-tempo fora retomada (em 1854) por Eduard Hanslick, não deve disfarçar a afinidade latente de Wagner com a ideia de música absoluta. O fato de a música necessitar, empiricamente, "neste mundo humano", de um motivo formal fundamental para tomar forma não exclui que ela metafisicamente, como música divina, expresse "a essência mais interior do mundo", para dialogar com Schopenhauer. Empiricamente "condicionada", ela é metafisicamente "condicionante". Ao que parece, a Wagner foi impedido dar o passo de indicar como "música absoluta" a "melodia orquestral" sinfônica (que constitui a essência e a substância do drama musical), somente por conta de um uso polêmico da expressão em *Ópera e drama* — direcionada contra Rossini e Giacomo Meyerbeer — ou de um uso crítico-dialético dela —, que relativiza as sinfonias de

---

20 Richard Wagner, *Gesammelte Schriften und Dichtungen*, vol. v, 1914, pp. 191-2.

Beethoven considerando aspectos histórico-filosóficos. Além disso, Hanslick inseriu o termo no contexto de uma teoria do "especificamente musical", que Wagner deve ter sentido como oposição à estética inspirada tanto em Feuerbach como em Schopenhauer.

Desse modo, se, de um lado, Wagner falava da música instrumental absoluta de Beethoven no tom ditirâmbico dos românticos, para, de outro lado, esclarecê-la como mero interposto a ser ultrapassado pelo espírito do mundo musical no caminho para o drama musical, Hanslick, por sua vez, apropriando-se do termo "arte sonora absoluta" de Wagner, recorreu pelo contrário à tese de E. T. A. Hoffmann de que a música instrumental pura anunciaria a música "verdadeira" e o fito da história da música, moderando, porém, a metafísica romântica da sinfonia em uma estética do "especificamente musical", que se apresenta — no espírito da desilusão após a queda do hegelianismo por volta de 1850 — na atitude de um empirismo seco. "Não se deve jamais dizer que a música seria capaz de algo de que a música instrumental não é capaz; pois somente ela é arte sonora pura e absoluta."[21]

Entretanto, trata-se de ilusão, ao menos em parte, achar que em Hanslick o termo "música absoluta" perdeu por completo a aura metafísica e não expressa nada além da reivindicação da música sem texto, função ou programa como música "verdadeira". A primeira edição (1854) do texto *Do belo musical* conclui com um ditirambo que trai a piedade do "formalista" Hanslick para com a metafísica romântica da música instrumental. (A atenuação de uma metafísica "acreditada" num simbolismo "edificante" pode ser sentida, mas não pode ser provada.)

> Esse conteúdo espiritual conecta, então, no ânimo do ouvinte, o belo da arte sonora com todas as outras grandiosas e

---

21 Eduard Hanslick, *Vom Musikalisch-Schönen*, 1854. Reimp.: 1965, p. 20.

belas ideias. Nele, a música não tem efeito apenas e absolutamente por meio da própria beleza, mas sim ao mesmo tempo como imagem sonora dos grandiosos movimentos do universo. Por meio de relações naturais profundas e secretas, eleva-se o significado dos sons para além de si mesmos, o que sempre nos permite sentir, na obra do talento humano, o infinito. Por isso, os elementos da música — a ressonância, o som, o ritmo, a força, a fraqueza — encontram-se em todo o universo, assim como o homem encontra todo o universo novamente na música.[22]

Sob a influência de uma crítica de Robert Zimmermann ("Parece-nos supérfluo que, como propõe Hanslick, essas puras relações sonoras revelem algo para além de si mesmas, por exemplo, elevarem-se até o pressentimento do absoluto. O absoluto não é relação sonora alguma, e, portanto, leva-nos a crer que também não é musical"),[23] Hanslick decidiu suprimir o parágrafo final — bem como uma passagem análoga no terceiro capítulo, à qual Zimmermann alude no trecho citado.[24] Seria um erro considerar que nessa capitulação adimitiu-se que se trata de mero ornamento filosófico cuja eliminação não influenciaria a estrutura do argumento; pois mesmo um recurso fugaz aos antecedentes históricos do "formalismo" estético-musical nos permite reconhecer que justamente a categoria central de Hanslick, o conceito da forma acabada em si, se relaciona intimamente com a interpretação da música como metáfora do universo no desenvolvimento da estética. A argumentação de Hanslick, embora não expressa,

---

22 Ibid., p. 104.
23 Robert Zimmermann, "Vom Musikalisch-Schönen", em *Österreichen Blätter für Literatur und Kunst*, 1854. Citado em: Felix Gatz, *Musik-Ästhetik in ihren Hauptrichtungen*, 1929, p. 429.
24 Eduard Hanslick, *Vom Musikalisch-Schönen*, 1854. Reimp.: 1965, p. 32.

mas efetiva no pano de fundo, que associou o conceito musical de forma à reivindicação metafísica da música, foi desenvolvida em 1788 por Karl Philipp Moritz no texto *Über die bildende Nachahmung des Schönen* [Sobre a imitação formadora do belo] e em 1801 por August Wilhelm Schlegel em cursos ministrados em Berlim, *Vorlesungen über schöne Literatur und Kunst* [Cursos sobre literatura bela e arte]. Para Moritz, só se trata de obra de arte caso não cumpra com nenhum propósito — prático, moral ou sentimental — subjacente, mas sim que esteja lá por conta própria, um "todo em si acabado" que permanece, como Friedrich Wilhelm J. Schelling expressou, na "sublime indiferença do belo". Na verdade, porém, o único todo acabado em si é a natureza em sua totalidade: o universo. E a arte, para atingir o acabamento, deve aparecer como imagem e análoga do todo da natureza. "Pois essa grande conjunção das coisas é na verdade o único e verdadeiro todo; cada todo isolado nele, graças à cadeia indissolúvel das coisas, é somente imaginado" — e isso quer dizer, de um lado, "fictício", e, de outro lado, "engendrado (*informatus*) pelo gênio" —; "mas também mesmo esse imaginado, considerado como todo, deve ser parecido com o grande todo em nossa representação e ser formado conforme regras perenes e firmes, segundo as quais ele suporta todos os seus lados em seu ponto central e repousa sobre sua própria existência [*Dasein*]."[25] A autonomia da arte — sua independência de funções — foi associada por Moritz, mediante a intervenção da ideia do acabado em si, à interpretação da obra de arte como metáfora do universo.

Isso não quer dizer que para uma compreensão geral do conceito estético-musical de forma de Hanslick fosse necessário voltar à metafísica da arte da época de Goethe. Mesmo assim, o recurso à categoria do acabado em si,

---

25 Karl Philipp Moritz, *Schriften zur Ästhetik und Poetik*, 1962, p. 73.

de Moritz, deveria bastar para tornar plausível o fato de o excurso de Hanslick — suprimido a partir da segunda edição — *poder* ser associado à tese central de que a forma musical seria "o espírito formador de si de dentro para fora",[26] mesmo que essa conexão seja menos compelida pela lógica do que compreensível pela tradição. No conceito da "arte sonora absoluta" também se esconde em Hanslick uma implicação metafísica que pôde ser atualizada: de que a música pôde aparecer como imagem do "absoluto" justamente por ter, como música instrumental pura, se "separado" de funções, textos e programas. O conceito formal enfático — que permitiu a Hanslick dar um passo decisivo para além da metafísica romântica da música instrumental — foi apreendido meio século mais tarde por August Halm, que o tornou mais preciso, e na sequência ele foi combinado com o conceito de "música absoluta", que Ernst Kurth elevou ao imensurável. Esse conceito, por sua vez, deve seu páthos tanto à memória dos românticos como à estética dominante de Schopenhauer e Nietzsche, por volta de 1900 (Kurth nasceu em 1886).

A carta aberta de Wagner *Sobre os poemas sinfônicos de Franz Liszt*, como já mencionado, foi apresentada como ambígua no que se refere à polêmica manifestada contra o fato de o termo "música absoluta" ser uma fachada retórica atrás da qual se escondia uma afinidade latente com a ideia de música absoluta, ideia possibilitada a Wagner primeiro por Tieck e mais tarde por Schopenhauer — que, de sua parte, acolhera a metafísica romântica. Em Friedrich Nietzsche mostra-se então, no início dos anos 1870 — no tempo ainda de uma amizade inabalada com Wagner —, a mesma ambiguidade estética de forma diferente. Os escritos que Nietzsche publicou em homenagem

---

26 Eduard Hanslick, *Vom Musikalisch-Schönen*, 1854. Reimp.: 1965, p. 34.

a Wagner, *Die Geburt der Tragödie aus dem Geiste der Musik* [O nascimento da tragédia a partir do espírito da música] (1871) e *Richard Wagner in Bayreuth* [Richard Wagner em Bayreuth] (1876), não tratam de "música absoluta". No entanto, em um fragmento não publicado, *Über Musik und Wort* [Sobre música e palavra], aparentemente escrito em 1871, lê-se: "O que devemos reter então dessa escandalosa superstição estética — de que Beethoven, com aquele quarto movimento da *Nona*, teria fornecido ele mesmo uma declaração festiva acerca das fronteiras da música absoluta e, com ela, descerrado os portões de uma nova arte, na qual a música é inclusive capaz de apresentar a imagem e o conceito e, assim, estaria acessível ao 'espírito consciente'?".[27] É evidente que o gracejo polêmico se direciona contra a interpretação de Beethoven que Wagner expôs em *A obra de arte do futuro* e em *Ópera e drama* (ainda que o objeto intentado do ataque a princípio fosse a apologia de Liszt, de Franz Brendel).

A tese estética fundamental da qual Wagner partiu em *Ópera e drama* — com o gracejo polêmico contra a tradição operística — declarou a música como função do drama. "O erro no gênero artístico da ópera consiste no fato de que de um meio de expressão (a música) foi feita finalidade, e da finalidade da expressão (o drama), todavia, foi feito meio."[28] Trata-se então de um protesto mais consciente e mais desafiador contra Wagner, quando Nietzsche, no fragmento *Sobre música e palavra*, escreve que seria "de uma arrogância peculiar colocar [a música] a serviço de uma série de figuras e conceitos, empregá-la como meio para uma finalidade

---

27 Friedrich Nietzsche, "Über Musik und Wort", em *Sprache, Dichtung, Musik*, 1973, p. 26.
28 Richard Wagner, *Gesammelte Schriften und Dichtungen*, vol. III, 1914, p. 231.

em nome de seu robustecimento e de sua elucidação".[29] (A referência à teoria da música programática de Brendel não muda tanto o fato de que, como na passagem sobre a interpretação de Beethoven, a estética wagneriana do drama musical foi afetada — algo de que Nietzsche devia estar ciente.) A objeção de Nietzsche não significa apenas que a música não é um meio para o drama, mas também, inversamente, que o drama é que seria a expressão e semelhança da música. "Com todo o direito [Schopenhauer teria] caracterizado o drama, em relação à música, como um esquema, com um exemplo de um conceito geral."[30] Na música ressoa a essência da coisa, o drama somente reproduz seu fenômeno. Se Wagner compreendia por drama sobretudo a ação cênica — "não o poema dramático, mas efetivamente o drama que se move ante nossos olhos"—,[31] Nietzsche, por sua vez, fala com desdém do teatro: "A ópera nesse sentido é então facilmente, no melhor dos casos, boa música e somente música, enquanto o malabarismo no palco é somente uma vestimenta fantástica para a orquestra — e sobretudo para o cantor, seu instrumento mais importante, de quem os espectadores mais perspicazes evitam rir".[32]

A situação da história das ideias, que está documentada no fragmento *Sobre música e palavra* de Nietzsche, é confusamente paradoxal. O gesto de desdém com que o teatro foi dispensado antecipa um motivo central na crítica mais tardia de Wagner — a acusação de ser afetado e falso. Em *Nietzsche contra Wagner*, o panfleto ofensivo do apóstata, lê-se: "eu sou essencialmente antiteatral,

---

29 Friedrich Nietzsche, "Über Musik und Wort", em *Sprache, Dichtung, Musik*, 1973, p. 28.
30 Ibid., p. 20.
31 Richard Wagner, *Gesammelte Schriften und Dichtungen*, vol. IX, 1914, p. 111.
32 Friedrich Nietzsche, "Über Musik und Wort", em *Sprache, Dichtung, Musik*, 1973, p. 30.

tenho contra o teatro, a arte das massas *par excellence*, o profundo escárnio do fundo de minha alma, que todo artista hoje tem".[33] "Conhecemos as massas, conhecemos o teatro."[34] Em contrapartida, a depreciação do cênico — e do verbal — na ópera advém da estética de Schopenhauer, que Nietzsche, tendo como apoio o entusiasmo de Wagner por Schopenhauer, apreendeu, enfatizou e aplicou na [sua interpretação da] ópera *Tristão e Isolda*, apesar de Schopenhauer fazer referência a Rossini (da "melodia absoluta", para citar Wagner). Em *Die Welt als Wille und Vorstellung* [O mundo como vontade e representação], a música não expressa "jamais o fenômeno, mas só a essência interior, o em-si de todo fenômeno, a própria vontade [...]. Por isso a nossa fantasia é tão facilmente excitada e busca formar um mundo espiritual (invisível e mesmo assim tão vivaz) que se comunica conosco de maneira tão imediata e também o vestir com carne e osso, ou seja, encarná-lo, portanto, em um exemplo análogo. Essa é a origem do canto com palavras e finalmente da ópera — cujo texto, justamente por isso, não deveria jamais deixar essa posição submissa para fazer de si parte principal e da música um mero meio de sua expressão, o que seria uma grande incorreção e uma terrível perversidade".[35] O "mundo espiritual" para o qual Schopenhauer se sente transportado através da música lembra Dschinnistan e Atlantis, de E. T. A. Hoffmann, e a estética de Schopenhauer, em seus fundamentos, é nada menos que a metafísica romântica da música absoluta, filosoficamente interpretada no contexto de uma metafísica da "vontade".

---

33 Friedrich Nietzsche, *Werke in drei Bänden*, vol. II, 1954-1956 [1966], p. 1041.
34 Ibid., p. 914.
35 Arthur Schopenhauer, *Die Welt als Wille und Vorstellung*, vol. I, § 52, em *Sämtliche Werke*, vol. II, 1900, pp. 258-9.

A música, diz Schopenhauer com a terminologia escolástica — e Nietzsche se apropria do termo —,[36] "proporciona os *universalia ante rem*".[37] E a consequência de que a substância do drama musical seria a "melodia orquestral" [*Orchestermelodie*], a sinfonia — portanto, "música absoluta" como expressão do "absoluto", da "vontade" —, foi inequivocamente traçada por Nietzsche. Embora *Tristão e Isolda*, o *opus metaphysicum*, requeira uma ação e um texto poético, isso se dá apenas porque nenhum ouvinte poderia resistir animicamente à obra se ela se mostrasse como a sinfonia que na verdade é. "A esses músicos verdadeiros dirijo a pergunta: eles conseguem pensar em um ser humano capaz de conceber o terceiro ato de *Tristão e Isolda* sem toda a ajuda da palavra e da imagem, puramente como um imenso movimento sinfônico, sem que expire num paroxismo de todas as asas da alma?"[38] Nietzsche ouviu o drama musical como sinfonia; o restante é "malabarismo" ou autodefesa. Ele aplicou, portanto, ao drama musical de Wagner, a tese — transmitida por Wackenroder, Tieck e E. T. A. Hoffmann a Schopenhauer — de que a música instrumental seria a música "verdadeira" (tal como Schopenhauer fizera para a ópera de Rossini). Caiu no esquecimento o fato de o drama musical ter sido originalmente fundamentado pelo paradigma estético musical oposto — a convicção de que a música consistia em harmonia, ritmo e logos. Além disso, é graças à experiência musical de Nietzsche com *Tristão* que pela primeira vez a doutrina de Schopenhauer — de que a música expressaria "a essência mais interior do

---

36 Friedrich Nietzsche, *Werke in drei Bänden*, vol. I, 1954-1956 [1966], p. 117.
37 Arthur Schopenhauer, *Sämtliche Werke*, vol. II, 1900, p. 261.
38 Friedrich Nietzsche, *Werke in drei Bänden*, vol. I, 1954-1956 [1966], p. 116.

mundo" — se mostrou tangível, em vez de permanecer na especulação abstrata. A ideia de música absoluta, que E. T. A. Hoffmann experienciara através da *Quinta sinfonia* de Beethoven (baseado na metafísica de Wackenroder e Tieck da música instrumental), surgiu para Nietzsche no *Tristão* de Wagner: a ideia de que a música, justamente por se distanciar cada vez mais das condições empíricas — das funções, das palavras, das ações e por último até mesmo dos sentimentos e afetos mundanamente tangíveis —, alcança sua determinação metafísica.

Nietzsche empregou a expressão "música absoluta" tomando-a primeiro de forma literal e depois como emancipação, como separação da música da linguagem. "A música de todo povo inicia-se em conjunção com a lírica, e, muito antes de ser possível pensar em uma música absoluta, ela atravessa nessa união as fases de desenvolvimento mais importantes."[39] A música absoluta, historicamente tardia, é, no entanto, metafisicamente primordial. E a ideia polêmica de que seria uma "superstição estética" a revelação de "fronteiras da música absoluta" na *Nona sinfonia* é convertida na afirmação de que não haveria fronteiras na música absoluta. O *Tristão* de Wagner é, na estética de Nietzsche, "música absoluta".

Se Nietzsche, como exegeta do Wagner compositor, parece submeter o Wagner teórico a uma crítica rigorosa, por

---

39 Friedrich Nietzsche, *Über Musik und Wort*, 1973, pp. 20-1. De maneira semelhante, lê-se mais tarde em *Humano, demasiado humano*: "A 'música absoluta' ou é forma em si, no estado bruto da música, em que o ressoar no tempo e as diferentes dinâmicas produzem alegria, ou é a simbólica das formas, que sem poesia dialoga diretamente com o entendimento; uma vez que ambas as artes estiveram ligadas num longo desenvolvimento, e finalmente a forma musical foi inteiramente recolhida das questões conceituais e sentimentais". (Friedrich Nietzsche, *Werke in drei Bänden*, vol. I, 1954-1956 [1966], p. 573.)

volta de 1871 prevalecia na verdade um consenso nos princípios estéticos que só não se tornou de todo evidente porque Wagner claramente se esquivou de repudiar as teses presentes em *Ópera e drama*. Duas décadas depois, ele já não acreditava que a música seria ou deveria ser função do drama. No escrito sobre Beethoven datado de 1870, documento central da recepção de Schopenhauer, lê-se que: "a música expressa a essência mais interior dos gestos" — e "gestos" é uma abreviação para a ação cênico-mimética como um todo — "com tamanha e imediata compreensibilidade que, contanto que estejamos inteiramente preenchidos da música, mesmo em nosso rosto ela depõe pela percepção intensiva dos gestos, de modo que nós enfim a compreendemos mesmo sem vê-la".[40] De entusiasta de Feuerbach, que acentua a existência corpórea do homem — portanto, a ação visível no drama —, transformou-se no adepto de Schopenhauer, que percebe auditivamente na "melodia orquestral" do drama musical a "essência mais interior" dos eventos. E o programa estético-dramatúrgico, que Wagner concebeu antes da composição de *Der Ring des Nibelungen* [O anel do Nibelungo], foi parcialmente contrariado pelas experiências às quais ele se voltou como compositor do *Tristão*. Em 1872, no ensaio *Über die Benennung Musikdrama* [Sobre a denominação do drama musical], Wagner chama seus dramas de "eventos da música tornados visíveis".[41] A música é a "essência", e o drama apresenta-se como sua "aparência sensível", como diria Hegel. E, em 1878, em um afloramento de desgosto pelas coisas relacionadas a "disfarce e maquiagem", Wagner fala de um "teatro invisível" que, em analogia com uma "orquestra invisível",

---

40 Richard Wagner, *Gesammelte Schriften und Dichtungen*, vol. IX, 1914, p. 77.
41 Ibid., p. 306.

deveria ser inventado.⁴² O teatrófilo [*Theatromane*], tendo em vista a realidade do teatro que o desapontava, abstraiu-se em um devaneio, tal como esboçara Nietzsche em *O nascimento da tragédia a partir do espírito da música*. No entanto, a "essência interior" do teatro sonhado é a sinfonia; e o caminho para a metafísica da música, que Wagner perseguiu, estava muito mais próximo por ser um caminho de volta, uma vez que Wagner sempre preservou, mesmo nos escritos de reforma de mais ou menos 1850, alguma dependência da metafísica romântica da música instrumental, ainda que em detrimento do sistema estético. Apesar de ele não ter falado de "música absoluta" ao explicar a música como a substância que nutre o drama, a memória do uso polêmico da expressão estava longe de ser apagada. Mas a ideia — para a qual ele descobrira o termo — foi secretamente também sua.

Na linguagem coloquial estético-musical do fim do século XIX — que, como toda linguagem coloquial, tomou os conceitos por bordões, mas legou ao esquecimento os problemas que constituem a vida dos conceitos —, a expressão "música absoluta" aparece como etiqueta frívola de uma música instrumental "puramente formal", em contraste, de um lado, com a música programática e, de outro lado, com a música vocal. É característico o uso da expressão no livro de Ottokar Hostinský *Das Musikalisch-Schöne und das Gesamtkunstwerk vom Standpunkte der formalen Ästhetik* [O belo musical e a obra de arte total do ponto de vista da estética formal],⁴³ que visava mediar uma relação entre Wagner e Hanslick. Na argumentação de Hostinský, permanece

---

42 Carl Friedrich Glasenapp, *Das Leben Richard Wagners*, vol. VI, 1911, pp. 137-8.
43 Ottokar Hostinský, *Das Musikalisch-Schöne und das Gesamtkunstwerk vom Standpunkte der formalen Ästhetik*, 1877.

não aproveitada a possibilidade latente de desenvolver um conceito diferenciado de música absoluta.

A estética de Hanslick da "arte sonora pura e absoluta", a estética do "especificamente musical", surge para Hostinský como parte de um sistema mais compreensível em que a música instrumental "absoluta" e a música vocal motivada poética e dramaticamente conservam igual direito de serem paradigmas da música. A música absoluta não representa a música "verdadeira" — como proclamou Hanslick —, tampouco figura como um estágio precoce e inferior de desenvolvimento — como queria Wagner. Hostinský compara a música "absoluta, puramente formal e sem objeto"[44] com a arquitetura e o ornamento, e a música "figurativa, com conteúdo e objetiva" com a escultura e a pintura, com a finalidade de demonstrar que não haveria uma única "arte sonora pura", e sim duas possibilidades de um "estilo puro" na música.[45] Hostinský reconhece, todavia — e as consequências de seu ponto de vista abalam a simplicidade do sistema estético —, que é enviesada a acusação de que Wagner teria "rompido" as formas musicais. Ele distingue três etapas de desenvolvimento, ou tipos: a forma "arquitetônica" da música instrumental "absoluta", a forma decadente e reduzida a pot-pourri da ópera convencional, e a forma dos dramas musicais wagnerianos, também coesa em si mesma, porém não mais fundada no princípio "arquitetônico" da música "absoluta".

> Vê-se, justamente do ponto de vista puramente musical, que a ópera no estilo tradicional, em relação às formas arquitetônicas grandiosas, é uma obra incompleta e incoesa, e o que Wagner ambicionou não se limita de maneira alguma

---

44 Ibid., p. 141.
45 Ibid., p. 145.

a subordinar a expressão musical à intenção artística do poeta dramático, mas envolve também emancipação da arte sonora que participa da obra de arte total [*Gesamtkunstwerk*] — emancipação dos grilhões de um gosto expirado e havia muito superado pela música instrumental —, assim como um livre desdobramento de uma forma musical mais coesa. É da natureza das coisas que essa forma se torne uma outra inteiramente diferente da forma tradicional da música absoluta, que teria se desenvolvido com base na dança.[46]

A restrição da expressão "música absoluta" à forma "arquitetônica" da música instrumental é fundada na teoria dos dois "estilos puros" de Hostinský (e corresponde ao uso da expressão em Wagner e Hanslick, se nos detivermos diante da fachada retórica do tratado). Mas justamente onde Hostinský chega a um ponto de vista significativo surge uma brecha no sistema estético. O reconhecimento de que a forma musical no drama musical de Wagner não é *nem* exclusivamente fundada poético-dramaticamente *nem* estruturada "arquitetonicamente" (como ainda acreditava Alfred Lorenz nos anos 1920) contraria a teoria dos dois "estilos puros", em que a música "figurativa", equiparável à escultura e à pintura, e a música "absoluta" e "arquitetônica" formam uma dicotomia simples. Pois, apesar de a forma musical de Wagner não ser "arquitetônica", ela não se deixa reduzir por completo a momentos poético--dramatúrgicos; ela é, ao menos parcialmente, "absoluta". Mesmo assim, como no próprio Wagner, a ideia de música absoluta, que atua de modo latente na argumentação de Hostinský, não adentra a superfície da terminologia. A expressão "música absoluta" permanece fraca.

Na disputa entre "formalistas" e "estetas do conteúdo", inflamada nas teses de Hanslick, a "arte sonora pura e

---

46 Ibid., p. 124.

absoluta" ficou conhecida por alguns como a música "verdadeira", e, por outros, ao contrário, ou foi considerada estágio inferior de desenvolvimento (e explicada como domínio periférico), ou abominada como um erro estético — fosse nela mesma ou nas opiniões a seu respeito. Hermann Kretzschmar escreveu em 1902, em *Anregungen zur Förderung musikalischer Hermeneutik* [Sugestões para a promoção de uma hermenêutica musical], que "a visão de que a música só produz efeitos em termos musicais deve ser suprimida, e a alegria pela 'música absoluta', reconhecida como uma obscuridade estética. No sentido de um conteúdo inteiramente musical, não há música absoluta. [...] Ela é um absurdo tal como a poesia absoluta, a saber, uma poesia sem pensamentos, com métrica e rima".[47] (Permanece incerto se Kretzschmar entendeu como "poesia absoluta" os poemas de Stéphane Mallarmé e se, portanto, combatia um fenômeno existente em sua consciência estética, ou se queria demonstrar somente a absurdidade da música absoluta comparando-a com uma mera abstração da "poesia absoluta", cuja impossibilidade e distância da realidade ele — por desconhecimento literário — tomou como evidente.)

Chama a atenção o fato de que mesmo os estetas do conteúdo assumiram a arriscada diferenciação proposta por Hanslick entre momentos "musicais" e "extramusicais",[48] em vez de voltarem ao paradigma mais antigo, precursor da metafísica romântica da música instrumental, e para a tese, portanto, de que a "música" também encerra, além da harmonia e do ritmo, o logos. A posição à qual na prática ainda se apegavam, sem que eles percebessem, já havia sido revelada na terminologia. Quem considera

---

47 Hermann Kretzschmar, *Gesammelte Aufsätze über Musik*, vol. II, 1911, p. 175.
48 Rudolf Louis, *Die deutsche Musik der Neuzeit*, 1912, p. 156.

o texto de uma canção ou de uma ópera como adendo "extramusical", mesmo contra a vontade, demonstra consentir com a tese central de Hanslick.

A ideia de uma música "absoluta" que não é "arquitetônica", uma ideia que se iniciou em Hostinsý sem ficar explicitamente expressa, foi exposta em 1906 por Ferruccio Busoni, em *Entwurf einer neuen Ästhetik der Tonkunst* [Esboço de uma nova estética da arte sonora], por meio de formulações enfáticas e provocativas nas quais o conceito de "música absoluta" adquiriu uma nova coloração. "Música absoluta! O que os legisladores entendem por isso talvez seja o que há de mais distante do absoluto na música."[49] A música que, no linguajar estético coloquial, foi nomeada "absoluta" não merece, segundo Busoni, tal nome, um nome que aponta para a "aparência sensível" do "absoluto" em uma música "desapegada" e irrestrita. "Essa música" — cotidianamente designada como "absoluta" — "deveria muito mais se chamar 'arquitetônica', ou 'simétrica' ou 'segmentada' [*eingeteilte*]."[50] Busoni proclama uma música "livre", destacada das formas tradicionais e, desse modo, "absoluta".

> Um tal anseio por liberação tomou Beethoven, o revolucionário romântico [...]. Ele não alcançou a música inteiramente absoluta, mas a pressentiu em instantes únicos, como na introdução à fuga da sonata *Hammerklavier*. Em geral, os poetas dos sons chegaram mais perto da verdadeira natureza da música nas passagens musicais preparatórias e intermediárias (introduções e transições), em que acreditavam poder ignorar as relações simétricas e inconscientemente pareciam respirar livremente.[51]

---

49 Ferruccio Busoni, *Entwurf einer neuen Ästhetik der Tonkunst*, 1974, p. 12.
50 Ibid., p. 13.
51 Ibid., pp. 14-5.

O conceito de música absoluta, tal como Busoni tinha em mente, lembra a ideia de Arnold Schönberg de "prosa musical" (e Schönberg cita também as "passagens musicais preparatórias e intermediárias" das obras clássicas como prefigurações).[52] Em Busoni, o conceito do "absoluto na música" carrega, portanto, o páthos de uma emancipação; porém, o descolamento que o termo expressa deixa para trás, como uma concha partida, justamente o que constitui a essência da "música absoluta" no uso convencional da expressão: a forma "arquitetônica".

Se Busoni viu nas formas musicais calcadas na tradição, praticamente como Debussy, apenas um invólucro do qual procurou se esquivar, August Halm, da mesma forma e quase concomitantemente, em 1913, elevou ao imensurável a ideia de forma musical — que interpretou de forma ontológica, e não histórica, e cuja lavra através da tradição ele sentiu como suporte, e não como obstáculo. Tanto a elevação da "forma" como sua depreciação ocorreram, no entanto, em nome da "música absoluta". A tese proposta por Eduard Hanslick de que a forma seria espírito e o espírito seria forma reaparece em Halm em uma versão mais extremada: Halm apropriou-se da objeção dos "estetas do conteúdo" de que o "formalismo" teria se aferrado ao "meramente técnico" — e teria se esquecido do "espírito" —, disfarçando a polêmica com uma apologia em que reinvidicava o "meramente técnico" como "espírito". "Confesso desde já mostrar que assumo o ponto de vista de que o musical, o técnico, o artesanal também aqui" — na *Sonata em ré menor opus 31 nº 2* de Beethoven — "é o que há de mais interessante, pois é o que há de essencial e de real."[53] "Livremente, diz-se dele" (de Beethoven) "que não teria visto em suas sonatas e sinfonias apenas música, 'mas algo mais', ou seja,

---

52 Arnold Schönberg, *Style and idea*, 1950, pp. 72-3.
53 August Halm, *Von zwei Kulturen der Musik*, 1947, p. 39.

algo para além disso [...]. Devemo-nos deixar conduzir pela obscuridade filosófico-musical de Beethoven, e não por sua clareza musical?"[54]

Se em 1913 Halm, no texto *Von zwei Kulturen der Musik* [Sobre duas culturas da música], uniu-se à rigorosidade hanslickiana, que excluía os excessos metafísicos da estética do "especificamente musical", no livro sobre Anton Bruckner — tal como Hanslick, na primeira e ainda "não purificada" edição do tratado *Do belo musical* — ele combinou o enfático conceito de forma com excursos de cunho metafísico e até religioso.

Segundo Halm, o "próprio espírito da música"[55] está presente na "lealdade à forma",[56] um espírito que é não tanto o [espírito] subjetivo do compositor, e sim um [espírito] objetivo, que "comanda o compositor".[57] O que se declara na "vida da forma" é uma "lei espiritual".[58] E justamente como música absoluta que cumpre a "lei da forma" em vez de apresentar conteúdo extramusical, a música instrumental eleva-se para além de si mesma à significação religiosa. Com um excesso do qual ele próprio desconfiou dez anos mais tarde,[59] Halm estabelece, a partir da dedicatória da *Nona sinfonia* de Bruckner ("a Deus amado"), uma interpretação da obra sinfônica bruckneriana como um todo: "surge uma nova religião da arte, e a produção sinfônica completa de Bruckner serviu a esse surgimento, de modo que aquela dedicatória deveria constar no topo de toda a obra sinfônica de Bruckner, e não só no de algumas obras (menos ainda de apenas uma)".[60]

---

54 Ibid., p. 48.
55 Id., *Die Symphonie Anton Bruckners,* 1923, p. 11.
56 Ibid., p. 12.
57 Ibid., p. 29.
58 Ibid., pp. 19 e 46.
59 Ibid., p. 246.
60 Ibid., p. 240.

A expressão "música absoluta", ao que parece, era evitada por Halm. Só no livro de Ernst Kurth sobre Bruckner, cujos princípios estéticos se interligam com Halm, o duplo sentido da palavra "absoluta" serve para caracterizar, na tradição da metafísica romântica, uma obra sinfônica musicalmente autônoma e absoluta, justamente por conta da "destacabilidade" como expressão do "absoluto". Kurth é explícito ao separar o uso dialético e o uso prosaico da expressão, ao qual se inclinava Hanslick.

> Ou impera a suposição de que ela [a música absoluta] seria apenas um desprendimento do canto, uma autonomização do ressoar em si em relação ao cantar, o que obviamente está subjacente à escolha da palavra "absoluta" (isto é, separada); ou, no entanto, a concepção é de que haveria, de algum modo, algo originariamente desprendido, à parte do canto humano e da alma humana, que ela, a alma, poderia tatear e com o qual ela cruzaria os caminhos do som, unida aos caminhos móveis de um acontecimento suprassensível.[61] [...] assim, reconhece-se com clareza como a palavra "absoluta" tem duplo sentido: tecnicamente ela significa "separada do canto"; espiritualmente significa "separada do homem".[62]

E o duplo sentido inspirou Kurth a reinterpretar a tese de Halm de que Bach e Beethoven representam duas "culturas da música" contraditórias, cuja síntese teria sido proporcionada por Bruckner em uma "terceira cultura". A música de Beethoven é, segundo Kurth, " 'mais absoluta' do ponto de vista técnico"; já "do ponto de vista espiritual", o "esforço de separar-se do âmbito pessoal" é mais marcante em Bach. "Em Bruckner, a música experiencia então" — também tecnicamente como música "absoluta"

---

61 Ernst Kurth, *Bruckner*, vol. I, 1925, p. 258.
62 Ibid., p. 262.

— "sua grandiosa dissolução nas forças do mundo que lhe estavam destinadas desde Bach."[63]

Se, por um lado, em Wagner se esconde a consciência de uma "música absoluta" que, como "melodia orquestral", constitui a substância do drama musical (que, por detrás da fachada de uma estética da "obra de arte total" [*Gesamtkunstwerk*], é antes de tudo drama), e se, por outro lado, a tese presumida do fim da sinfonia nunca foi explicitamente desmentida, então Kurth, apesar de ter sentido e pensado musicalmente no espírito de Wagner e de Schopenhauer, não se esquivou de fundar uma apologia de Bruckner quando fez a afirmação histórico-filosófica de que em Wagner a "música ligada ao canto aspirava [à música absoluta] de forma similar à maneira como a música vocal sacra dos estilos franco-flamengo ou romano já carregavam em si, de forma invisível, o anseio não só pela música absoluta mas também por suas leis ocultas".[64] O esquema da construção histórico-filosófica é de origem romântica. E. T. A. Hoffmann intuiu que esse mesmo espírito da era moderna cristã se revelaria musicalmente na polifonia vocal de Palestrina e nas sinfonias de Beethoven. Essa intuição, por sua vez, deu profundidade histórico-filosófica à metafísica romântica da música instrumental. E se Kurth acreditou ter visto uma relação similar entre Wagner e Bruckner, então isso significa nada menos que, sob o signo da "religião da arte" reclamado antes por Halm, o drama musical e a sinfonia, entendidos como faces distintas da mesma ideia de uma "música absoluta", fundem-se um no outro.

---

63 Ibid., p. 264.
64 Ibid.

Um modelo hermenêutico

Na resenha de E. T. A. Hoffmann à *Quinta sinfonia* de Beethoven, publicada em 1810, cuja introdução pertence aos documentos fundadores da estética musical romântica, a diferença entre a música absoluta e a música instrumental programática ou "característica" (que apresenta "sensações determináveis") é interpretada como oposição entre duas ideias estéticas: a do verdadeiramente "musical" e a da "plástica". A fórmula antitética pode parecer a princípio um desacerto terminológico (pois não é imediatamente evidente que o procedimento de contar uma história em uma peça instrumental lembre a arte da escultura), mas, em uma análise mais precisa, prova-se como parte de um sistema estético-histórico-filosófico mais amplo, que suporta as argumentações individuais mesmo quando elas se veem em dificuldades. "Quão pouco os compositores de música instrumental reconheceram essa essência peculiar da música; procuraram representar estas sensações determináveis, ou mesmo acontecimentos, e assim tratar plasticamente uma arte que é justamente oposta ao elemento plástico."[1] O contexto histórico-filosófico por meio do qual se mantém o contraste entre o significado e a coloração do "plástico" e do "musical", um contexto previamente delineado por August Wilhelm Schlegel e Jean Paul, foi implicitamente assumido por Hoffmann em 1810, e só em 1814 explicitado no texto *Alte und neue Kirchenmusik* [Música sacra antiga e moderna]: "Os polos mais opostos dos antigos e dos modernos, ou do paganismo e do cristianismo, são, na arte, a plástica e a música.

1   E. T. A. Hoffmann, *Schriften zur Musik*, 1963, p. 34.

O cristianismo destruiu o primeiro e criou o segundo".[2] A antiga ideia de Deus realizava-se na estátua; o elemento cristão simboliza-se na música, que, tanto como polifonia vocal quanto como música instrumental, possibilita o pressentimento do "infinito". Assim como no texto de Schiller *Über naive und sentimentalische Dichtung* [Sobre a poesia ingênua e sentimental] ou no de Friedrich Schlegel *Über das Studium der griechischen Poesie* [Sobre o estudo da poesia grega], em Hoffmann confundem-se as categorias estéticas e histórico-filosóficas. No sistema das artes, o curso da história está prefigurado.

A reconstrução do sistema categorial ao qual pertence a antítese "plástico-musical" de Hoffmann é uma tentativa de tornar consciente um modelo hermenêutico pelo qual a estética romântica, em praticamente cada passo que deu, se orientou, de forma explícita ou não declarada; e, sem o conhecimento desse modelo, muitas relações assumidas por Hoffmann, por mais autoevidentes que fossem, pareceriam infundadas e arbitrárias ao leitor. Dicotomias como "antigo e moderno", "pagão e cristão", "natural e fantástico", "natural e artístico", "plástico e musical", "ritmo e harmonia" ou "melodia e harmonia", e finalmente "música vocal e música instrumental" associam-se em um sistema que, apesar de não se destacar de tal maneira em nenhum lugar, por assim dizer, orienta as argumentações a partir do pano de fundo. A concatenação hoffmanniana das antíteses é lógica e indubitavelmente um esforço bastante questionável. O processo consiste, grosso modo, em nada mais que oposições conceituais que por si mesmas são bastante óbvias e tão intimamente associadas a outras oposições conceituais que, ao final, as categorias do mesmo lado podem se misturar entre si ("antigo", "pagão", "natural", "plástico", "ritmo", "melodia", "música vocal")

2 Ibid., p. 212.

e ser tomadas em contraste com todas as categorias do outro lado ("moderno", "cristão", "fantástico", "artístico", "harmonia", "música instrumental"). É evidente que do esquema de analogias e antíteses às vezes resultam rupturas lógicas — como na afirmação de que a música instrumental "narrativa" seria "plástica", pois não seria música "verdadeira" —, mas isso não deveria obscurecer o profundo significado histórico do modelo hermenêutico, um modelo relacionado aos pressupostos da metafísica romântica da música instrumental. Como será proposto, a *querelle des anciens et des modernes*,[3] a disputa, sobre a primazia da arte antiga ou da arte moderna, pertence à pré-história da ideia da música absoluta.

Hoffmann, na resenha sobre Beethoven, relaciona a antítese "plástico-musical" não apenas com a diferença de gênero entre a música vocal e a música instrumental, mas também com a oposição estética entre uma música que expõe afetos determinados e bem delineados e outra que é expressão de um "anseio infinito" indeterminado.

> A música de Beethoven movimenta a alavanca do terror, do temor, do horror, da dor, e desperta aquele anseio infinito que é a essência do romântico. Beethoven é um romântico puro (e, por isso mesmo, um compositor verdadeiramente musical), e talvez por essa razão tenha menos êxito na música vocal (que não admite o anseio indeterminado, mas que expõe somente os afetos designados pelas palavras, como são sentidos no reino do infinito) e sua música instrumental raramente se dirija às multidões.[4]

O estilo marcado pela música instrumental de Beethoven, como fica implícito na escolha de palavras de Hoffmann, é

---

3 "Querela dos antigos e dos modernos", em francês. [N. T.]
4 E. T. A. Hoffmann, *Schriften zur Musik*, 1963, p. 36.

o "sublime" em contraste com o "belo"; e o pensamento de que a música "clássica" se associa com a ideia estética do belo, e a música romântica, em oposição, com a do sublime, é sugerido por Hoffmann sem que ele o expresse abertamente.

Na resenha sobre uma sinfonia de Carl Anton Philipp Braun, Hoffmann descreve a música instrumental — na qual se deixa pressentir o "fantástico" em vez de se estar albergado no "natural" — como uma arte determinada em primeiro lugar pelo "harmônico" e não pelo "melódico". (O conceito de harmonia compreende o de polifonia.)

> O compositor [na sinfonia] reivindica agora o espaço de jogo livre, todo meio possível que a arte da harmonia e a infinita variedade de instrumentos nas suas mais diversas combinações lhe oferecem, para que a magia maravilhosa e oculta da música produza efeitos de maneira poderosa no ouvinte [...]. Se também o crítico deve louvar o compositor desta primeira obra pela escrita correta e melodiosa, então estas elevadas exigências, por sua vez, não foram minimamente atendidas.[5]

Uma das teses presentes em *Música sacra antiga e moderna* é que a "harmonia" — ou a polifonia — e não a "melodia" é a assinatura da época "moderna, cristã e romântica" na música.

> Sem os ornamentos, sem o ímpeto melódico, sucedem-se [em Palestrina] no mais das vezes acordes completos, sem inversões e consonantes, por cuja força e audácia o ânimo é tomado, com violência inominável, elevando-se ao ponto mais alto. O amor, a harmonia de tudo o que há de espiritual na natureza, tal como é prometido ao cristão, expressa-se no acorde, que, portanto, só ganhou vida pela primeira vez na época cristã;

---

5 Ibid., p. 145.

e assim o acorde e a harmonia tornam-se a figura e a expressão da comunidade espiritual, a união com o eterno, com o ideal que ao mesmo tempo nos rege e nos compreende.[6]

Do sistema de analogias e antíteses estético-histórico-filosóficas no qual Hoffmann de fato se envolveu resulta um problema aparentemente insolúvel e que, em sua insolubilidade, formou um núcleo oculto em torno do qual girava o texto *Música sacra antiga e moderna*: o problema, tal como se apresenta, é que tanto a polifonia vocal de Palestrina quanto a sinfonia de Beethoven deveriam valer como a música "verdadeira" da época "moderna, cristã e romântica". Para Hoffmann, de um lado, no presente (um "tempo empobrecido") a "consagração divina" que residia nas obras da polifonia vocal clássica "desapareceu para sempre da Terra". De outro lado, no entanto, a música instrumental moderna não é algo como um documento da decadência, mas sim o sinal e o resultado de um "progredir" inexorável do "espírito dominante".[7]

A luta fantástica para reconhecer nossa pátria supraterrena (que se evidencia na ciência), aquele poder do espírito natural vivificador que contém nosso ser, foi insinuada pelos sons repletos de pressentimento da música, que falou das maravilhas desse reino distante de maneira cada vez mais variada e mais completa. É, por assim dizer, algo bem conhecido que a música instrumental em tempos recentes se elevou a um patamar inimaginável para os mestres antigos, assim como os músicos novos evidentemente superam — e muito — os antigos na técnica.[8]

---

6 Ibid., p. 215.
7 Ibid., p. 230.
8 Ibid.

Quase nada diferente da antiga polifonia vocal, a música instrumental moderna deve ser ouvida com "devoção" [*Andacht*], como Wackenroder já postulara. No entanto, Hoffmann associa a música instrumental, determinada em primeiro lugar "harmonicamente", assim como a polifonia vocal, com o conceito de "ciência". A "harmonia", em que Jean-Philippe Rameau acreditava reconhecer a verdadeira essência da música — em oposição a Jean-Jacques Rousseau e sua apologia da "melodia" —, surge, de um lado, trajada da aura de um pitagorismo romântico — uma "ciência" que se sente atraída pelo "fantástico", em vez de lhe ser hostil — e, de outro, associada à ideia da música instrumental.

As antíteses com as quais Hoffmann operava prefiguraram parcialmente a teoria estilística musical do século XVII — na disputa entre a *prima e a seconda prattica,* que se pode compreender como a *querelle des anciens et des modernes* estético-musical. Por volta de 1600, a monodia significou, de modo semelhante à reforma mais tardia da ópera de Christoph Willibald Gluck ou à concepção de Wagner do drama musical, uma revolução mediante o retorno à "verdade antiga". O partido dos *antiqui*, que emulou os modelos gregos, foi representado por Monteverdi e pelos compositores da Camerata Florentina, e o partido dos *moderni*, que se prendiam à primazia dos novos tempos (portanto, do contraponto) em relação à antiguidade e à monodia, foi representado pelos apoiadores de Palestrina. A terminologia é confusa: na *querelle des anciens et des modernes* musical, a *prima prattica* é a causa dos *moderni*, e a *seconda prattica,* a causa dos *antiqui*. Mas a polifonia vocal foi, em primeiro lugar, um estilo da música sacra, e a monodia, um estilo do drama e do madrigal — gêneros literários que tendiam para a temática pagã-arcádica. As associações conceituais formaram, assim, uma rede densa, um verdadeiro sistema estético-histórico-filosófico: a era moderna e cristã está documentada na *prima prattica*, no contraponto de Palestrina, enquanto a *seconda prattica* cunhou, como uma imitação dos antigos — antigos esses mais imaginados que reais —, um estilo monódico que parecia adequado aos poemas de temática pagã-pastoral. E, com a representação [*Darstellung*] das "paixões", que era o fito dos gêneros modernos, do drama musical e do madrigal monódico, contrastou a "devoção" com a qual a polifonia vocal devia se estabelecer de acordo com o ouvinte.

Por meio da estética musical do século XVIII, a corrente de antíteses formada na disputa entre *prima* e *seconda prattica* se estendeu a alguns elos em que controvérsias características da época se consolidaram como bordões. Novas oposições conceituais foram combinadas com as tradicionais, embora originalmente, em torno de 1600, os problemas expressos nas antíteses tivessem pouco ou nada em comum com os problemas da época.

A tese do abade Jean-Baptiste Dubos, apropriada por Jean-Jacques Rousseau e Johann Gottfried von Herder, de que a origem da música estaria na linguagem e de que a música alcançaria sua finalidade estética somente por meio da imitação e da estilização do discurso passional, incitou no século XVIII a contradição dos teóricos devotos da tradição, que não quiseram se apartar da ideia pitagórico-platônica de que a música se basearia essencialmente em relações numéricas. Assim, era natural que a tese da origem linguística da música estivesse associada à máxima da primazia da monodia — ou melodia — e à tomada de partido pelos *antiqui*. No entanto, a conexão do pitagorismo — da tese da origem da música nas proporções simples — com uma ênfase no conceito de harmonia foi, no contexto estético-musical do século XVIII, algo precário, apesar de "harmonia" e "proporção" terem se apresentado como conceitos complementares desde tempos imemoriais. Pois, segundo a visão mais antiga, a "harmonia" — como epítome das relações sonoras racionalmente reguladas — era, ao lado do ritmo, um momento parcial da "melodia": não era possível um contraste das categorias. Porém, caso se partisse, como Rameau, de uma fundamentação matemática da harmonia — uma fundamentação pitagórico-platônica baseada em números como "princípios efetivos" (não como meras medidas) — rumo a uma fundamentação fisicalista — para a proposição de que, na série harmônica natural, a "harmonia" da tríade já estaria prefigurada —, então o conceito de harmonia se fundia involuntariamente com o de acorde. O acorde, por sua vez, pode ser concebido como oposto da melodia (como o simultâneo diante do horizontal) e também como raiz da melodia (um acorde desmembrado com transcursos). A oposição de "harmonia" e "melodia" — a controvérsia entre Rameau e Rousseau — relaciona-se a premissas teórico-musicais do século XVIII que não existiam antes da substituição do "platonismo" pelo "fisicalismo".

No século XVIII, por sua vez, o conceito de harmonia abrangeu, além da homofonia [*Akkordsatz*], também a polifonia, o que lhe permitiu ser gradualmente suprido de associações oriundas da estética da *prima prattica*. Porém, a combinação das representações "harmonia", "polifonia", "origem da música nas proporções", "música sacra" e "devoção" — em oposição a "melodia", "monodia", "origem da música na linguagem", "ópera" e "afeto" — não deixou de influenciar a recepção de Palestrina no século XVIII e no início do XIX: tende-se a ouvir o movimento polifônico como se fossem ouvidos acordes, ou a selecionar obras em que seja possível a apreciação homofônica. O cristianismo documenta-se musicalmente, como Wagner expressou em 1849, como "harmonia", como a homofonia "seráfica".

A disputa entre Rousseau e Rameau sobre a primazia da melodia ou da harmonia pode, conforme foi dito, ser compreendida como a *querelle des anciens et des modernes* estético-musical. Pois os antigos, argumentava Rousseau, por um lado não conheciam uma harmonia (polifonia), e, por outro, no entanto, engendraram um senso melódico [*Melodik*] cujos éthos e páthos não foram alcançados nem superados por nenhuma cultura musical posterior; por isso seria evidente que a música teria sido arruinada pela passagem da monodia para a polifonia. "É bastante difícil não desconfiar de que toda a nossa harmonia não é senão uma invenção gótica e bárbara."[9] (O contraponto "gótico" é como que um signo musical da destruição de Roma.)

> O senhor Rameau propõe, entretanto, que a harmonia é a fonte das maiores belezas da música; mas esse sentimento é contrariado pelos fatos e pela razão. Pelos fatos, pois todos os grandes efeitos da música cessaram, e ela perdeu sua energia e sua força desde a invenção do contraponto: a isso acrescento que as belezas puramente harmônicas são belezas para especialistas [...]. Pela razão, pois a harmonia não fornece nenhum princípio de imitação pelo qual a música, formando imagens ou exprimindo sentimentos, possa se elevar ao gênero dramático ou imitativo, que é a parte mais nobre da arte e a única enérgica.[10]

---

9 Jean-Jacques Rousseau, *Dictionnaire de musique*, 1768. Reedição: 1969, p. 242. Em francês no original: "*Il est bien difficile de ne pas soupçonner que toute notre Harmonie n'est qu'une invention gothique & barbare*". [N.T.]

10 Ibid. Em francês no original: "*M. Rameau prétend cependent, que l'Harmonie est la source des plus grandes beautés de la Musique ; mais ce sentiment est contredit par les faits & par la raison. Pas les faits ; puisque tous les grands effets de la Musique ont cessé, & qu'elle a perdu son énergie & sa force depuis l'invention du Contre-point : à quoi j'ajoute que les beautés purements harmoniques sont des beautés savantes [...]. Par la raison ; puisque l'Harmonie ne fournit aucun principe d'imitation par lequel la Musique formant des images ou exprimant des sentiments se puisse élever au genre Dramatique ou imitatif, qui est la partie de l'Art la plus noble, & la seule énergique*". [N.T.]

Rousseau diferencia música "imitativa", que "expressa sentimentos" ou "pinta quadros", de música "natural", que é apenas música, e para Rousseau isso significa "ruído vazio". (É inesperado que justamente Rousseau tenha usado a palavra "natural" em sentido depreciativo, algo que só pode ser explicado pela associação da "harmonia" com a "série harmônica natural"; porém, o erro terminológico não teve consequências, já que no século XVIII era comum empregar-se, justamente ao contrário, a palavra "natural" à música "imitativa" — depreendida da natureza exterior ou interior, do entorno ou dos movimentos anímicos humanos.)

> Poder-se-ia e talvez dever-se-ia ainda dividir a música em natural e imitativa. A primeira, limitada somente ao elemento físico dos Sons e agindo apenas sobre esse sentido, não leva suas impressões até o coração, e só pode fornecer sensações mais ou menos agradáveis. Tal é a música das Canções, dos Hinos, dos Cânticos, de todos os Cantos que são apenas combinações de Sons melodiosos, e em geral toda música que é apenas Harmoniosa. A segunda, pelas inflexões vivas, acentuadas e, por assim dizer, falantes, exprime todas as paixões, pinta todos os quadros, restitui todos os objetos, submete toda a natureza a suas sábias imitações e leva assim até o coração do homem os sentimentos próprios para comovê-lo.[11]

---

11 Jean-Jacques Rousseau, *Dictionnaire de musique*, 1768. Reedição: 1969, p. 308. Em francês no original: *"On pourroit & on devroit peut-être encore diviser la musique en naturelle & imitative. La première, bornée au seul physique des Sons & n'agissant que sur le sens, ne porte point ses impressions jusqu'au coeur, & ne peut donner que des sensations plus ou moins agréables. Telle est la musique des chansons, des Hymnes, des Cantiques, de tous les Chants qui ne sont que des combinaisons de Sons mélodieux, & en général toute musique qui n'est qu'Harmonieuse. La seconde, par des inflexions vives, accentuées, &, pour ainsi dire, parlantes, exprime toutes les passions, peint tous les tableaux, rend tous les objets, soumet la Nature entière à ces savantes imitations, & porte ainsi jusqu'au coeur de l'homme des sentiments propres à l'émouvoir".* [N.T.]

A música "natural" de Rousseau, que nem "pinta" nem "move", é, expressada anacronicamente, música "absoluta", que, entretanto, permanece nas sombras e aparece como modo mais deficiente da música "verdadeira", ou seja, da música representativa [*darstellenden*]. A supremacia do princípio da imitação permanece intacta.

Na estética musical de Rousseau, fluem um no outro uma sensibilidade [*Empfindsamkeit*] que quer ser comovida pela música, um racionalismo que anseia pelo elemento programático (pela "pintura" musical) na música instrumental e uma aspiração aos antigos que opõe a moderna polifonia intricada e "erudita" à animosa simplicidade da monodia grega. Somente a melodia, não a harmonia, está em condições de "comover" e "pintar":

> Se a Música pinta apenas com a melodia, e retira dela toda a sua força, segue-se que toda Música que não canta, por mais harmoniosa que possa ser, não é uma música imitativa e, não podendo nem tocar nem pintar com seus belos acordes, logo cansa os ouvidos e sempre deixa o coração frio.[12]

A "melodia" é, para Rousseau, e para os partidários dos *anciens* [antigos], o antigo ideal que a ópera do presente deve emular. O conceito oposto da harmonia, no entanto, por tratar-se de uma categoria determinada em primeiro lugar negativamente — uma folha escura da qual a ideia da melodia deve se despegar —, envolve componentes heterogêneos: a música instrumental — que, enquanto não "pinta", aparece como ruído vazio — e a polifonia vocal

---

12 Jean-Jacques Rousseau, *Dictionnaire de musique*, 1768. Reedição: 1969, p. 275. Em francês no original: "*Si la Musique ne peint que par la mélodie, & tire d'elle toute sa force, il s'ensuit que toute Musique qui ne chante pas, quelque harmonieuse qu'elle puisse être, n'est point une musique imitative, &, ne pouvant ni toucher ni peindre avec ses beaux Accords, lasse bientôt les oreilles, & laissa toujour le coeur Froid*". [N.T.]

de Palestrina, que recebe o veredito de ser "gótica e bárbara". À música antiquada, melódica, monódica, simples, imitativa, "emotiva" ou "pictórica" pleiteada por Rousseau antepõe-se assim uma música "gótica", harmônica, polifônica, "erudita", "natural" ("absoluta"), que tende para o "ruído vazio" e que ele despreza. Entretanto, no conceito da música "harmônica" coincidem a polifonia vocal e a música instrumental, embora pareça que elas têm em comum apenas a oposição à ideia de Rousseau da melodia.

A música instrumental que não "pinta" foi rejeitada como "quinquilharia" por Rousseau, que não se deixou influenciar pelo sucesso das sinfonias de Carl Stamitz em Paris. E uma defesa do gênero desprezado, como a que Johann Adam Hiller tentou fazer em 1755, permaneceu dependente da estética da sensibilidade (que foi uma teoria da música vocal), na medida em que não contestava suas premissas, mas somente negava algumas de suas consequências: a música instrumental, alegou Hiller, seria capaz de elevar-se a um gênero "comovente". É de se desconfiar que Hiller, por sua vez, falasse do "fantástico" [*Wunderbaren*] na música instrumental. O "fantástico" — que ele gostaria de limitar, mas não excluir — não passa de virtuosismo instrumental que suscita admiração e espanto, mas que, como Quantz informou, "não comove particularmente" o coração. "A natureza delineia o plano de obras concertantes e solísticas da mesma forma que o faz com outras peças musicais. É decerto um canto, que se esforça em expressar artisticamente as sensações do coração. Entretanto, não se exclui dali o fantástico. Acrescentam-se saltos, passagens escalares velozes, arpejos e coisas semelhantes que sejam bem escolhidas, estejam em lugares adequados e na medida adequada."[13] O conceito do

---

13 Johann Adam Hiller, "Von der Nachahmung der Natur in der Musik", em Friedrich Wilhelm Marpurg, *Historisch-kritische Beyträge zur Aufnahme der Musik I*, 1754-1755, p. 542.

"fantástico", categoria central para a poética barroca, foi mal utilizado — como uma denominação para o espetáculo de virtuosismo na música instrumental — por estetas sentimentais e racionalistas que buscavam a "comoção" e a "pintura". (O termo, oriundo de um passado desprezado, foi atribuído a um gênero desprezado.) No entanto, por volta de 1780, o "fantástico" alcançou a honra estético-musical: a teoria da música instrumental recebeu a poética "neobarroca" de Johann Jakob Bodmer e Friedrich Gottlieb Klopstock. Difundiu-se a crença de que o sentido de sublime e fantástico, e não meramente de naturalidade e razão, distinguiria o verdadeiro poeta. Concomitantemente, descobrem-se na sinfonia — em lugar de ver no virtuosismo instrumental a única alternativa ao "comovente" e ao "pictórico" — propriedades estéticas que provocaram um retorno ao conceito enfático do "fantástico", considerado outra vez, por assim dizer, em seu lugar de direito: a "indeterminação" da música instrumental foi sentida não mais como "vazia", mas sim como "sublime". "A sinfonia", escreveu Johann Abraham Peter Schulz na *Teoria geral das belas artes* de Sulzer, "está eminentemente apta à expressão do grandioso, do solene e do sublime." O *allegro* de uma sinfonia seria "comparável à ode pindárica na poesia". "Tal como esta, ele eleva e perturba a alma do ouvinte e requer o mesmo espírito, a mesma imaginação elevada e o mesmo conhecimento da arte para obter êxito."[14] E Carl Philipp Emanuel Bach foi exaltado em 1801 no *Allgemeine musikalische Zeitung* [Jornal musical geral] como "outro Klopstock", que "utilizava sons em vez de palavras". "É culpa do poeta de odes quando seus ímpetos líricos parecem sem sentido para a turba rude?" Ademais, Bach "mostrou: a música pura não seria mero invólucro para a música aplicada nem seria dela abstraída, mas antes [...]

---

14 Johann George Sulzer, *Allgemeine Theorie der schönen Künste*, 1794 (2. ed.). Reedição: 1967, vol. IV, pp. 478-9.

permitir-se-ia elevar-se à poesia, que seria tanto mais pura quanto menos pendesse, por meio das palavras (que sempre carregam conceitos secundários), para a região do sentido comum".[15]

A partir do romantismo, que levou ao extremo o louvor à sinfonia a partir do espírito "neobarroco" da poética de Klopstock, reverteu-se completamente a estética musical de Rousseau; o que Rousseau elevara foi depreciado, e o que ele depreciara foi elevado. Porém, conservou-se a estrutura de uma corrente de antíteses, oriunda da *querelle des anciens et des modernes*.

Apesar disso, o discurso não pode ser a respeito de uma estética musical "romântica", que seria uma estética musical de todos os "românticos". August Wilhelm Schlegel, que em 1801, nos excursos estético-musicais de seus *Cursos sobre literatura bela e arte*, partiu de Rousseau e da discussão estético-literária dos anos 1790 — do texto de Schiller *Sobre a poesia ingênua e sentimental* e do artigo de Friedrich Schlegel *Sobre o estudo da poesia grega* —, evitou tomar partido na *querelle des anciens et des modernes* aliando-se ao "romantismo" e à "modernidade": "segundo nossa visão geral da relação entre a arte antiga e a mais recente, não iremos diminuir uma diante da outra, e sim procurar compreender o significado da oposição entre elas".[16] Schlegel associou, assim como Rousseau, mas sem os vereditos deste, a tese da primazia da música antiga com a máxima estética de que a música deveria ser expressão de "afetos e movimentos anímicos", e com a proposição histórica de que a origem da música, que teria moldado sua essência, deveria ser buscada nas

---

15 Johann Carl Friedrich Triest, "Bemerkungen über die Ausbildung der Tonkunst in Deutschland", em *Allgemeine musikalische Zeitung 3*, 1800-1801.
16 August Wilhelm Schlegel, *Die Kunstlehre*, 1963, p. 207. [*Doutrina da arte*, trad. Marco Aurélio Werle, Edusp, 2014, p. 213.]

"inflexões expressivas naturais"; assim, Schlegel vinculou a tese contrária da superioridade da música moderna com a convicção de que a música estaria fundada essencialmente nas "relações harmônicas dos sons" em proporções que se mostram particularmente puras e não misturadas na música instrumental, e por fim com o argumento histórico-filosófico de que a essência da música não dependeria de sua origem histórica no canto, mas que seria descoberta pelo conhecimento obtido com a análise da arte sonora desenvolvida.[17]

Se a música "harmônica" e "instrumental" foi designada por Rousseau como *musique naturelle* (em contraste com a *musique imitative*), então Schlegel se baseou na oposição entre "formação natural" dos antigos e "formação artística" da época moderna, conforme havia desenvolvido na discussão literária dos anos 1790. Portanto, o epíteto "natural" deslocou-se da música moderna para a antiga. Schlegel contrapôs a "formação cientificamente artística" da polifonia dos tempos recentes ao "princípio natural" da antiga monodia.[18] O pensamento de associar o moderno com o artístico e separá-lo do princípio da imitação é, no entanto, uma regressão à poética barroca semelhante à restituição do "fantástico", que da mesma maneira contrasta com o "natural". "A divisão da formação natural e artística [...] aponta de volta para a *querelle* francesa, na medida em que Charles Perrault fundara o princípio da *inventio* com base na artificialidade planejada do progresso técnico dos novos tempos e o colocara acima da *imitatio naturae*, isto é, da capacidade das artes antigas de meramente imitar a natureza ou dar acabamento à sua obra."[19]

---

17 Ibid., pp. 205-6.
18 Ibid., p. 206.
19 Hans Robert Jauss, "Schlegels und Schillers Replik auf die *Querelle des Anciens et des Modernes*", em *Literaturgeschichte als Provokation*, 1970, p. 77.

Em vez da "melodia", o que Schlegel contrapôs aos princípios modernos da "harmonia" foi o "ritmo", como princípio antigo: "quando, tendo em vista esses principais componentes da música, comparamos os antigos e os mais novos, então descobrimos que, naqueles, a parte rítmica é de longe mais complexa, e nestes, a parte harmônica, e que cada uma prevalece no todo, respectivamente".[20] Mas na harmonia dos "mais novos", a experiência de um "instante místico" parece expressar-se musicalmente: "a harmonia seria então o verdadeiro princípio místico na música, que não pretende impactar por meio do decorrer do tempo, mas sim que busca a infinitude no momento indivisível".[21]

A associação feita por August Wilhelm Schlegel do antigo — do "clássico puro, do estritamente delimitado" — com a "plástica", e, pelo contrário, a associação feita pelos modernos — os "românticos" — no anseio infinito, com o "pitoresco"[22] é algo que veio não de Rousseau, mas do sistema estético-histórico-filosófico dos românticos. (No sistema de Hegel, a pintura, assim como a música, é característica da época "romântica" e cristã.) A antítese "plástico-pitoresco" poderia, no entanto, como mostram os fragmentos de Novalis, ser completada ou mesmo trocada pela antítese "plástico-musical", caso — à diferença de Schlegel, que tinha natureza conciliadora — se tomasse partido na *querelle* e se reconhecesse que a música moderna e cristã é a música "verdadeira" e, inversamente, que a música é a arte "verdadeira" da época moderna e cristã. (Em Novalis aparece o contraste "plástico-musical" sem que seja tematizado como tal,

---

20 August Wilhelm Schlegel, *Die Kunstlehre*, 1963, p. 207.
21 Ibid., p. 221.
22 Ibid., p. 207.

como uma premissa autoevidente de algumas construções dialéticas intricadas.)[23]

A ideia de que, no domínio da arte, a época "romântica" — Idade Média e Modernidade — seria representada pela música pode ser tomada, no sistema categorial da *querelle*, como a integração da metafísica da música instrumental enfaticamente formulada por Wackenroder e Tieck. Se a música "harmônica", "artística" e destacada da linguagem e mesmo da expressão de afetos aparece como música "verdadeira" em uma reversão abrupta do juízo estético; se, portanto, a "indeterminação" do conteúdo aparece não mais como carência, mas como traço distintivo do estilo "sublime", e o distanciamento da simples "linguagem do coração" como pressentimento do "infinito", em vez de algo sentido como excentricidade na direção ao abstrato vazio, então estão reunidos todos os motivos de que um partidário dos modernos necessitava para, a partir da intuição de Wackenroder de uma música absoluta e relacionando-se com o esquema conceitual da *querelle*, extrair a consequência de que na música instrumental grandiosa se expressaria a alma de uma era cristã — uma era marcada não pela plástica, mas pela música. Na música absoluta, a música chega a si mesma; e o espírito que ela descobre como sendo sua essência é o do cristianismo.

Os conceitos basilares da estética musical de E. T. A. Hoffmann, em cujo contexto a ideia de música absoluta ganhou um caráter pelo qual se tornou historicamente efetiva, provieram, como se mostrou, da metafísica da música instrumental, cuja intuição remonta a Wackenroder e cuja formulação decisiva remonta a Tieck, assim como da *querelle des anciens et des modernes* musical, na qual uma controvérsia teórico-musical, que nos traços

---

23 Novalis, *Fragmente*, 1929, pp. 524-5 e 578.

principais remete ao fim do século XVI, mescla-se com a influência da discussão estético-literária dos séculos XVII e XVIII. A estética musical — a concepção dos fenômenos e dos problemas musicais por meio da linguagem — não depende menos do desenvolvimento da estética literária do que das mudanças na própria música; e, na medida em que a linguagem da comunicação a respeito da música intervém diretamente no assunto, tal como ele se constitui na consciência do ouvinte, a estética literária, de cujas categorias e fórmulas a estética musical se nutre, pertence aos momentos de determinação de uma história da música que não se esgota na história da técnica musical.

A estética musical de Hoffmann estava em parte prefigurada na poética de Jean Paul, uma poética que, portanto, ao lado da teoria da música instrumental originalmente estético-musical de Wackenroder e da *querelle des anciens et des modernes* "interdisciplinar", constituía uma fonte especificamente literária da estética musical romântica. Os motivos centrais da caracterização hoffmaniana de Beethoven — o uso enfático histórico-filosófico da palavra "romantismo" [*Romantik*], o encantamento de um "mundo espiritual" [*Geisterwelt*], o perder-se no "anseio infinito" [*unendliche Sehnsucht*], o retraimento em um "mundo interior" [*innere Welt*] e a acentuação do "temor" [*Furcht*] e da "dor" [*Schmerz*] — são quase literalmente emprestados da descrição de Jean Paul da "mais nova poesia":

> A origem e o caráter de toda mais nova poesia deixam-se facilmente deduzir do cristianismo, de maneira que se poderia igualmente denominar a [poesia] romântica de cristã. O cristianismo destruiu, como em um dia do Juízo Final, todo o mundo sensível e seus encantos, comprimiu-os em um túmulo, em um degrau da escada celeste, e estabeleceu no lugar um novo mundo espiritual [...]. O que ainda restou

desse espírito poético após tal colapso do mundo exterior? Aquilo para dentro do qual ele colapsou, o interior. O espírito alçou a si mesmo, adentrou sua noite e viu espíritos [...]. Assim, na poesia, floresceu o império do infinito sobre a pira funerária da finitude [...]. Em vez da alegria serena grega, surge ou o anseio infinito ou a bem-aventurança inexprimível [...]. Na longa noite do infinito, o ser humano esteve por mais vezes apreensivo do que esperançoso.[24]

O plano básico categorial, que serve de base para a teoria da música instrumental de E. T. A. Hoffmann e para a caracterização de Jean Paul da "mais nova poesia", aparece em 1802 na *Philosophie der Kunst* [Filosofia da arte] de Schelling, em particular como estética musical a partir do espírito da filosofia da identidade. Sem ser forçado a se perder nos labirintos da especulação, podem-se reconhecer, na oposição de Schelling da música antiga e da moderna, as antíteses da *querelle*, nas quais os motivos estético-musicais estão mesclados com os histórico-filosóficos e os religioso-filosóficos. A corrente de dicotomias vai do "antigo-moderno" e do "Estado-Igreja", passando pelo "finito-infinito" e pelo "afeto-anseio", até o "ritmo-harmonia".

A música rítmica, que apresenta o infinito no finito, é mais expressão da satisfação e do afeto pujante, enquanto a harmônica, mais da aspiração e do anseio. Por isso, foi necessário que justamente na igreja, cuja visão fundamental se baseia no anseio e na aspiração da diferença por retornar à unidade, a aspiração coletiva e emanada de cada sujeito em particular por ver-se uno com tudo, no absoluto, deveu se expressar por meio da música harmônica e sem ritmo. Em contraste, uma união — como nos Estados gregos, onde algo puramente universal como o gênero se formou por inteiro

---

24 Jean Paul, *Vorschlule der Ästhetik*, 1963, pp. 93-4.

no particular e se manteve ele mesmo — assim como esta união em sua aparição como Estado era rítmica, também deveria ser rítmica na arte.[25]

O fato de que o modelo hermenêutico, que na estética de Hoffmann recebeu um significado fundamental para a teoria da música instrumental, fosse um plano básico "interdisciplinar", que assumiu diferentes colorações em contextos cambiantes, não implica de modo algum que tenha sido imposto ao pensamento sobre a música "a partir de fora". Ele cumpre muito mais a função de "trazer à linguagem" o que de outra maneira teria permanecido calado — e, assim, menos efetivo. Que a "artesania" da música instrumental tenha sido enaltecida como estilo elevado em vez de ter sido posta sob suspeita como esotérica; que não se tenha sentido a "indeterminação" da expressão na sinfonia como uma carência, mas sim que ela tenha sido compreendida como um símbolo sonoro do "anseio infinito" e como "pressentimento do absoluto"; que mesmo a estética popular da sinfonia tenha admitido uma grafia "harmônica" (polifônica), em vez de demandar de maneira incessante a "melodia"; que, portanto, em outras palavras, em geral houvesse ali uma linguagem estética na qual se poderia formular uma apologia da dignidade da música instrumental moderna por volta de 1800 (certamente necessária após as invectivas de Rousseau) deve-se a uma parte significativa do sistema categorial, desenvolvida na *querelle des anciens et des modernes*.

---

25 Friedrich Wilhelm Joseph Schelling, *Philosophie der Kunst*, 1959, p. 144.

Estética do sentimento e metafísica

Em 10 de maio de 1792, Ludwig Tieck escreveu a Wilhelm Heinrich Wackenroder:

> [O filósofo] Cássio Longino diz que, para produzir algo grande, é preciso uma alma grande e sublime; eu gostaria de ir mais além e afirmar que seria preciso também certo espírito magnânimo para compreender o grande e o sublime. De outra forma, como poderias tu esclarecer por que o agradável e o emotivo produzem muito mais efeito nos ânimos do que que o grande e o sublime? Muitos não compreendem ou não percebem o grande e o sublime. É mais fácil eu ouvir sem lágrimas um *adagio* para harmônica do que um salmo de Johann Friedrich Reichardt; durante a sinfonia para *Hamlet* e *Axur* as lágrimas vêm-me toda vez aos olhos; tudo de grande deixa-me em uma espécie de enfurecimento, enquanto em muitos isso passa despercebido pelos ouvidos, sem tocar a alma. A esposa de Reichardt disse-me certa vez, há muito tempo, que o emotivo havia muito não causava sobre ela a mesma impressão que o sublime, diante do qual ela nunca podia conter as lágrimas.[1]

A defesa [*Plädoyer*] de Tieck do sublime, que através de Edmund Burke e Kant se tornara uma categoria estética fundamental do fim do século XVIII, encontrou em Wackenroder, que não queria abandonar o "emotivo", uma incompreensão: "não sei ao certo por que o sublime te leva mais às lágrimas que o sentimental".[2] A diferença de

---

1 Wilhelm Heinrich Wackenroder, *Werke und Briefe*, 1967, pp. 292-3.
2 Ibid., p. 297.

temperamento — que impede de identificar de pronto a estética de Tieck com a de Wackenroder — não deixou de influenciar a teoria da música instrumental desenvolvida nas *Phantasien über die Kunst* [Fantasias sobre a arte]: em termos formais, Tieck declarou-se partidário de uma metafísica da música instrumental nutrida da estética do sublime, e Wackenroder, de uma religião estética do sentimento cujas raízes estão no pietismo. Quem tende às rotulações da história das ideias poderia falar de uma atitude de Tieck alinhada com o *Sturm und Drang*[3] em oposição a uma inclinação para o *Empfindsamkeit* [sentimentalismo][4], em Wackenroder. No entanto, é mais importante reconhecer que a diferença entre o "sublime" e o "emotivo" também permanece para além da fronteira na qual o *Empfindsamkeit* e o *Sturm und Drang* parecem se afastar como um e outro lado do romantismo e que essa diferença sempre retorna à teoria da música instrumental em diferentes versões.

Não por acaso, trata-se de um *adagio* (ainda mais para a harmônica de vidro) o que Tieck cita como exemplo de uma peça instrumental emotiva, e o que ele opõe à sinfonia (ou abertura), que louva como sublime. Se o *cantabile* — a ária instrumental — atinge de imediato o coração, então o *allegro*, movimento principal da sinfonia, é "excelente para a expressão do grande, do festivo e do sublime",

---

[3] Movimento estético-artístico bastante influente no mundo germânico da segunda metade do século XVIII. Como o próprio autor desenvolve na sequência, trata-se do apelo ao elevado, ao sublime, ao gênio artístico, ao extraordinário revelado pela natureza, presente em obras concebidas nesse período. [N. T.]

[4] Em geral, o termo designa um estilo e um conteúdo poético bastante pervasivos nas artes no século XVIII, em particular, na música e na poesia. Caracterizam esse estilo a centralização no indivíduo, a sentimentalidade, o culto ao gênero literário do romance e a religiosidade solitária como desdobramento moderno do pietismo. [N. T.]

como Johann Abraham Peter Schulz escreveu na *Teoria geral das belas artes de Sulzer*.[5] A escolha de palavras na resenha de E. T. A. Hoffmann à *Quinta sinfonia* de Beethoven revela que também ele percebeu o estilo sublime como o verdadeiramente sinfônico: "a música de Beethoven move a alavanca do terror [*Schauer*], do temor [*Furcht*], do horror [*Entsetzen*], da dor [*Schmerz*], e suscita aquele anseio infinito [*unendliche Sehnsucht*] que é a essência do romantismo. Beethoven é um compositor puramente romântico (e, justamente por isso, um compositor verdadeiramente musical)".[6] Se a sinfonia aparece, segundo palavras de Tieck, como "drama" dos instrumentos,[7] então o tipo de drama pelo qual a estética romântica se orientou foi o shakespeariano, como marca paradigmática de um estilo sublime que se posiciona acima das leis da beleza dos "estéticos artistas-medidores" [*ästhetischer Messkünstler*].[8] A fórmula de que Beethoven seria "um compositor puramente romântico (e, justamente por isso, um compositor verdadeiramente musical)" quer dizer apenas que se trata da música instrumental, "a qual, desprezando toda ajuda e toda mistura de uma outra arte, exprime de maneira pura a essência da arte, que se faz reconhecer somente nela".[9] A ideia de música absoluta — a tese de que a música instrumental seria a música "verdadeira" — associou-se

---

5 Johann George Sulzer, *Allgemeine Theorie der schönen Künste*, 1794 (2. ed.). Reedição: 1967, vol. IV, p. 478.
6 E. T. A. Hoffmann, *Schriften zur Musik*, 1963, p. 36. ["Resenha sobre a quinta sinfonia de Beethoven", em *O melófobo e a quinta sinfonia de Beethoven*, trad. Mário Rodrigues Videira Jr. e Márcio Suzuki, editora Clandestina, 2016, p. 23.]
7 Wilhelm Heinrich Wackenroder, *Werke und Briefe*, 1967, p. 255.
8 E. T. A. Hoffmann, *Schriften zur Musik*, 1963, p. 37. ["Resenha sobre a quinta sinfonia de Beethoven", em *O melófobo e a quinta sinfonia de Beethoven*, trad. Mário Rodrigues Videira Jr. e Márcio Suzuki, 2016, p. 23.]
9 Ibid., p. 34. [Ibid., p. 20.]

então em Hoffmann com a estética do sublime. A música "destacada" das condicionalidades linguísticas e funcionais "eleva-se" por sobre a limitação do finito até o pressentimento do infinito.

O fato de que o movimento principal da sinfonia tenha sido louvado como sublime é algo que deve ser compreendido como resposta apologética à afirmação polêmica de que um *allegro* — em contraste com um *adagio cantabile*, que imita a música vocal e, portanto, é emotivo — não passaria de um ruído agradável ou atordoante que, como expressou Rousseau, deixaria frio o coração. A tese de que a sinfonia não alcançaria o sentimento e permaneceria "muda" opõe-se à antítese de que ela, como "linguagem para além da linguagem", se elevaria por sobre os sentimentos tangíveis no mundo: o conceito de sublime cumpriu, portanto, como o do "fantástico", a função de justificar o fenômeno que se esquivou das categorias dominantes no século XVIII de estética da imitação e de estética dos afetos. A indeterminação da música instrumental, antes vista como carência, foi reinterpretada como vantagem.

A teoria romântica da "arte sonora pura e absoluta", que na música instrumental "sublime" descobriu uma "linguagem acima da linguagem", surgiu, nos anos 1780 e 1790, a partir da estética sentimental da música, ainda num processo de transformação quase imperceptível para os contemporâneos, que por vezes ocorria no interior de um único texto literário, como em Karl Philipp Moritz, Jean Paul e Ludwig Tieck.

> Hartknopf pegou sua flauta do bolso e acompanhou o soberbo recitativo de seus estudos com os acordes apropriados — ele traduzia a linguagem do entendimento em linguagem das sensações na medida em que fantasiava ao tocar, pois para isso lhe servia a música. Com frequência, assim que pronunciava a frase antecedente, logo soprava na flauta a

consequente. Ele inspirava os pensamentos, como fazia ao tocar flauta, para fora do entendimento, e os expirava para dentro do coração.[10]

O romance alegórico *Andreas Hartknopf*, de Karl Philipp Moritz, do qual se reproduziu a descrição anterior, foi publicado em 1785 — mas com a numeração do ano de 1786; e a língua na qual Moritz fala sobre música é a do sentimentalismo [*Empfindsamkeit*], absolutamente convencional nos anos 1780. Não por acaso Hartknopf fantasia justamente com a flauta árcade-melancólica; e são características a simplicidade e a espontaneidade das melodias que comovem o coração. "Não havia ali nada de artístico a não ser o fato de que a nota escolhida precisava intervir justamente onde deveria. E era com frequência uma cadência simples, ou entonação, que produzia o efeito maravilhoso."[11] A estética musical da *Empfindsamkeit* era tendencialmente — em contraste com a doutrina dos afetos do barroco, assim como com a filosofia da arte do classicismo e do romantismo — uma estética da música como som em sua naturalidade, e não como obra de arte.

No entanto, a disposição sentimental de Hartknopf passa a ser, quase imperceptivelmente, uma disposição romântica, assim que a música deixa de desempenhar a função de linguagem do coração, através da qual um ser humano se comunica com outros, de modo a entretecer laços de simpatia, e o som, que atinge inesperadamente o que há de mais interior, passa a despertar no ânimo o pressentimento de um reino espiritual distante, ao qual a alma aspira com o "anseio infinito". "Cada um terá, ao menos algumas vezes na vida, observado que um som, por mais insignificante que seja, por exemplo quando

10 Karl Philipp Moritz, *Andreas Hartknopf*. Reedição: 1968, p. 131.
11 Ibid., p. 132.

ouvido à distância, produz um efeito maravilhoso mediante determinada disposição da alma; é como se, de uma vez, despertassem com esse som mil recordações, mil representações obscuras que transportam o coração a uma nostalgia indescritível."[12] O único som que, ressoando de longe, permite sentir todo o poder da música, é para Wackenroder o som da trompa,[13] tal como fez Carl Maria von Weber mais tarde em suas composições.

A estética sentimental, que era uma psicologia exaltada, foi paulatinamente substituída, no fim do século XVIII, pela estética romântica, que falava da música em categorias metafísicas. E se o sentimento que a *Empfindsamkeit* bucava era de sociabilidade — a música estabelecia simpatia, uma fusão das almas —, então o "anseio infinito" surgiu da solidão: da contemplação isolada de uma música louvada como "divina".

A transição que torna o excurso estético-musical em *Andreas Hartknopf* um documento da história das ideias destaca-se de modo semelhante uma década mais tarde em *Hesperus*, de Jean Paul — que era um dos admiradores do romance de Moritz. Trata-se, agora, da música como arte, e não como som natural, em cuja descrição a reflexão sentimental é substituída por uma romântica. O efeito de uma sinfonia de Carl Stamitz, que Jean Paul descreve no "19º Hundsposttag" do *Hesperus*, consiste primeiro no avanço da mera excitação do ouvido pelo *allegro* até a comoção do coração pelo *adagio*. A estética à qual Jean Paul remonta é, portanto, inteiramente convencional naquele momento e, por conta da característica do *allegro* como mera "fraseologia harmônica", fica atrás até mesmo de Johann Abraham Peter Schulz, que havia comparado o *allegro* da sinfonia a uma "ode pindárica" que "eleva e

---

12 Ibid., pp. 132-3.
13 Wilhelm Heinrich Wackenroder, *Werke und Briefe*, 1967, p. 247.

abala".[14] "Stamitz — segundo um plano dramático, como nem todo mestre de capela o concebe — ascendeu paulatinamente do ouvido para o coração, como de *allegri* para *adagi*; esse grande compositor avança em círculos cada vez mais estreitos ao redor do peito, no qual há um coração, até por fim alcançá-lo e envolvê-lo no deleite."[15] Porém, na referência a seu herói, na qual Jean Paul despeja em palavras a efusão do coração, a disposição emotiva guarda uma mudança para o onírico-metafísico.

> Caro Viktor! No humano há um grande desejo que nunca foi realizado: ele não tem nome, ele busca seu objeto, mas tudo com o que tu o nomeias, todas as alegrias, não são ele [...]. Esse grande, enorme desejo eleva nosso espírito, mas com dores: ah! Nós, cá embaixo prostrados, somos lançados às alturas como epilépticos. Mas esse desejo, ao qual nada pode dar nome, é o que nossas cordas e nossos sons atribuem ao espírito humano — o espírito nostálgico chora então mais intensamente e não pode mais se conter e clama num arroubo lamentoso por entre os sons: sim, de tudo o que vós nomeais, eu careço.[16]

A estética musical romântica advém do tópos poético do indizível: a música expressa o que as palavras não podem nem ao menos balbuciar.[17] E é em romances, no *Andreas Hartknopf* de Moritz e no *Hesperus* de Jean Paul, que a pré-história da estética musical romântica se esboça. A descoberta de que a música, nomeadamente a música instrumental sem objeto e sem conceito, seria uma linguagem acima

---

14 Johann George Sulzer, *Allgemeine Theorie der schönen Künste*, 1794 (2. ed.). Reedição: vol. IV, 1967, p. 479.
15 Jean Paul, *Werke*, vol. I, 1960, p. 775.
16 Ibid., p. 776.
17 Norbert Miller, "Musik als Sprache", em *Beiträge zur musikalischen Hermeneutik*, vol. 43, 1975, pp. 271-ss.

da linguagem acontece, paradoxalmente, na linguagem: na poesia. Nada justifica a suposição de que Jean Paul teria meramente expressado em palavras uma estética que já existia na consciência de contemporâneos ilustrados; justamente por tê-la formulado, é que ele acima de tudo a criou. Em outras palavras: a literatura sobre música não é mero reflexo do que ocorre na práxis musical da composição, da interpretação e da recepção, mas pertence em determinado sentido aos momentos constitutivos da própria música. Pois, na medida em que música não se exaure no substrato acústico que a fundamenta, mas surge apenas através da formação categorial do que é percebido, uma alteração do sistema categorial da recepção intervém imediatamente no estado da própria coisa. E deve-se tomar como fundamental a mudança na concepção da música instrumental ocorrida nos anos 1790: a interpretação da "indeterminidade" como "sublime" em vez de "vazia". O assombro espantoso torna-se algo cheio de pressentimento, e a "mecânica" da música instrumental torna-se "magia". O fato de que o conteúdo da música não possa ser determinado, ou pode apenas vagamente, não é algo que rebaixe o *allegro* da sinfonia — em comparação com um *cantabile* emotivo —; ao contrário, o eleva. No entanto, vem da literatura a inspiração do páthos pelo qual a música instrumental é louvada: sem o tópos poético do indizível, a reinterpretação do musicalmente confuso ou vazio em sublime e fantástico teria carecido de linguagem. (Johann Abraham Peter Schulz já necessitava da experiência poética das odes de Klopstock para em geral experienciar musicalmente as sinfonias de Carl Philipp Emanuel Bach.)

Mesmo em Ludwig Tieck, pouco diferente de Moritz e Jean Paul, a dicotomia entre a estética musical "pré-romântica", à qual ele se filia, e a romântica, à qual ele visa, está presente em textos isolados. Nas palavras de Gustav Becking, Tieck descreve no ensaio *Sinfonias* — sem nomear o compositor — a abertura (ou "sinfonia") de *Macbeth*, de Friedrich Reichardt, como "uma verdadeira produção do *Sturm und Drang*; rebelde, de efeito tresloucado, imbuída somente de uma tendência de agir diretamente sobre o sentimento e os sentidos, sem a interferência de momentos enobrecedores".[18] E a paráfrase poética de Tieck provém do mesmo espírito que a "peça alegórica" [de Friedrich Reichardt]. Para Becking, Tieck "celebra o *Sturm und Drang* musical e o inveja na possibilidade de efeito direto e imediato".[19] No acúmulo poético de horrores, que Ludwig Tieck ouve a partir da música ("agora o olho vê um monstro terrível, deitado em sua caverna escura, aprisionado em fortes correntes [...]"),[20] sente-se um retorno justamente ao seu período literário inicial, como no romance *William Lovell*.

Na estética da sinfonia, por sua vez, que precede a descrição da Abertura de *Macbeth*, não se sente nada da conduta do "efeito tresloucado". A teoria é muito mais inalteravelmente romântica no sentido de que Tieck não prioriza em particular o efeito imediato e agressivo — violento ou brandamente emotivo — da música, mas sim o arrebatamento em um paraíso artístico, na Atlantis ou Dschinnistan de E. T. A. Hoffmann: os sons que a "arte descobriu de um modo fantástico" formam "por si mesmos um mundo à parte". Enquanto a música vocal ainda "se baseia nas analogias com a expressão humana", e nessa medida é "sempre apenas uma arte condicionada", como música instrumental "a arte é independente e livre, prescreve somente a si mesma suas leis, fantasia de forma lúdica e sem propósito [*Zweck*] algum, e mesmo assim realiza e

---

18 Gustav Becking, "Zur musikalischen Romantik", em *Deutsche Vierteljahrsschrift für Literaturwissenschaft und Geistesgeschicht*, vol. 11, 1924, p. 585.
19 Ibid., p. 586.
20 Wilhelm Heinrich Wackenroder, *Werke und Briefe*, 1967, p. 256.

alcança o mais elevado, segue inteiramente seus instintos obscuros e expressa o mais profundo, o mais fantástico, com seus galanteios".[21] Justamente como música autônoma e absoluta, destacada da "condicionalidade" de textos, funções e afetos, a arte alcança dignidade metafísica como expressão do "infinito". A "verdadeira" estética musical romântica é uma metafísica da música instrumental.

O fato de que a música instrumental esteve em condições de ocupar o lugar que o tópos da indizibilidade deixara vazio — e que estava reservado para a elevação religiosa — é algo que pressupõe a existência de uma música instrumental significativa, à qual se pôde vincular uma metafísica de inspiração poética, sem que se inibisse com ditirambos de mau gosto. No entanto, a teoria da música instrumental tem, como parece, pouco em comum com as premissas estético-musicais que originalmente fundamentaram as sinfonias de Stamitz ou Haydn. Segundo Georg August Griesinger, Haydn falava de "caracteres morais", que ele procurava expor em suas sinfonias; não pressentia nada do "anseio infinito" e das "maravilhas da arte sonora" louvadas por Wackenroder e Tieck. Porém, o fato de que em geral houve uma música instrumental de alta qualidade — e que ela, em contraste com as obras de Johann Sebastian Bach, era conhecida pelo público de amantes da música — foi suficiente para que o páthos do indizível, genuinamente religioso, tomasse conta da música — em particular a instrumental, indeterminada e que não está vinculada a condicionalidades empíricas e "finitas" — através de textos e funções.

Pode-se conceber como postulado central de uma estética musical clássica, tal como ela se desenvolveu hesitantemente por volta de 1790, o fato de a música instrumental

---

21 Ibid., p. 254.

dever expor um "caráter" e um éthos bem delineados, como reconheceu Heinrich Besseler.[22] Besseler contou com o artigo de Christian Gottfried Körner *Über Charakterdarstellung in der Musik* [Sobre a exposição do caráter na música], que apareceu em 1795 no jornal *Die Horen* [Horas], de Schiller. Caráter e éthos, afeto e páthos são colocados em oposição por Körner. "Nós fazemos distinção, no que chamamos de alma, entre algo persistente e algo passageiro, entre o ânimo e o movimento do ânimo, entre o caráter — éthos — e o estado passional — páthos. É indiferente qual dos dois o músico busca expor?"[23] Contra os falsos extremos, em que Körner permite entrever as tendências estilísticas do barroco, de um lado, e do *Sturm und Drang*, de outro; contra o estilo *d'une teneur* [de um conteúdo], que mantém "um único estado" e por isso se apresenta "uniforme, fatigado e arrastado"; e contra um "caos de sons", que "expressa uma mistura desarmônica de paixões",[24] surge a música clássica, cuja justificativa é o propósito da dialética estético-histórico-filosófica de Körner como a "unidade na variedade": unidade do caráter em uma variedade de estados passionais.

Ludwig Tieck, cujo ensaio *Sinfonias*, de 1799 — quatro anos após o escrito de Körner —, aparece nas *Fantasias sobre a arte*, opõe ao conceito de "caráter", como ideia central da estética musical romântica, a categoria de "poético", que, até Robert Schumann, dominara as disputas estéticas acerca da música absoluta e programática e acerca do caráter artístico e da trivialidade na música. A palavra "poético" de maneira alguma indica uma dependência da

---

22 Heinrich Besseler, "Mozart und die Deutsche Klassik", em *Bericht über den internationalen musikwissenschaftlichen Kongress Wien 1956*, 1958, p. 47.
23 Christian Gottfried Körner (segundo Wolfgang Seifert), *Ein Musikästhetiker der deutschen Klassik*, 1960, p. 147.
24 Ibid., p. 148.

música em relação à poesia, antes denota uma substância comum a todas as artes, a qual, segundo a concepção de Tieck e Hoffmann, manifesta-se de maneira mais pura inclusive na música — na música instrumental. Em outras palavras: o "poético" é a ideia da arte da qual, assim como de uma ideia platônica, devem participar os fenômenos individuais, para em geral ser arte. "Essas sinfonias podem representar um drama tão colorido, variado, complexo e belamente desenvolvido quanto jamais um poeta nos pode ofertar; pois revelam em linguagem enigmática o mais enigmático, não dependem de leis da verossimilhança, não precisam se prender a nenhuma história e a nenhum caráter, permanecem em seu mundo puramente poético."[25] Portanto, a música instrumental é, segundo Tieck, "puramente poética", justamente pelo fato de ser independente da literatura e não contar uma história nem descrever um caráter. Em Tieck, não se trata de uma tendência à música programática, de uma "literarização" da música. E mesmo a apresentação de personagens bem definidos, nos quais Haydn viu a *raison d'être* [razão de ser] da sinfonia, aparece para Tieck como uma constrição da qual a música instrumental "independente" e "livre"[26] busca escapar. A teoria do "musical-poético" é, em Tieck e, mais tarde, em Schumann, uma estética da música absoluta.

(A postulada independência de "leis da verossimilhança" visa, embora de modo inconspícuo, a rejeição de uma categoria básica da poética aristotélica e designa uma representação alterada do que seria o poético: enquanto Platão mensurou a poesia segundo a lógica das proposições, que são falsas ou verdadeiras — com o resultado de que "poetas mentem" —, Aristóteles baseou-se na lógica das modalidades e determinou a poesia como exposição

---

25 Wilhelm Heinrich Wackenroder, *Werke und Briefe*, 1967, p. 255.
26 Ibid., p. 254.

do possível ou do verossímil, em contraste com o efetivo e o necessário. O fato de Tieck, em oposição a isso, buscar o poético não em uma ficção de efeito plausível — na "verossimilhança" de uma "história" inventada —, mas em uma qualidade que se revela de modo mais nítido na música instrumental, significa nada menos que o esboço de um novo "paradigma" poetológico: um conceito diferente daquilo que faz da poesia, poesia. Tanto a poética romântica se nutre da ideia de música absoluta quanto, pelo contrário, a ideia de música absoluta se nutre da poética romântica.)

O que Tieck denominou "poético", em Hoffmann também se chama "romântico"; e o que ele chamou de "puramente romântico" manifesta-se em Hoffmann no "verdadeiramente musical". Assim como Tieck, Hoffmann diferencia o canto, "no qual a poesia inserida designa afetos determinados por palavras", da música instrumental, que é "puramente romântica" — arrebatada das condicionalidades e limitações dos caracteres e afetos: ela "conduz-nos para fora da vida ao reino do infinito".[27]

A representação de caracteres ou afetos — conceitos que, diferentemente do que ocorre em Körner, na estética musical romântica não raro são permutados, pois ambas as categorias, em vez de serem pensadas de modo individual, pertencem unicamente a esse fundo obscuro de onde se destaca a ideia do "poético" —, isto é, a fixação da música instrumental no finito e limitado, que Tieck e Hoffmann sentiram como inadequado, surge, em 1826, nos *Vorlesungen über Musik mit Berücksichtigung der Dilettanten* [Cursos de música com a consideração aos diletantes] de Hans Georg Nägeli como objeto de uma polêmica cujo afã e cuja impetuosidade — em "consideração aos diletantes" — deveriam ser didaticamente fundamentados. "A palavra 'caráter', na relação com a arte sonora — aqui, sempre a música

---

27 E. T. A. Hoffmann, *Schriften zur Musik*, 1963, pp. 34-5.

instrumental —, tem sido utilizada com frequência, mas sempre de modo equivocado. Quando se falou ou se quis falar de um caráter determinado de uma obra de arte sonora, falou-se sempre do modo mais indeterminado; por isso também nunca foi possível comunicar o que seria verdadeiramente característico em uma obra de arte sonora particular."[28] "Afetos" e "intuições", o característico e o pictórico, foram banidos por Nägeli do "jogo de formas", tal como ele concebe a música instrumental. "É preciso expulsar do ânimo todo afeto particular e toda mistura de afetos; é preciso, por assim dizer, passar para as sombras toda intuição casual."[29] O "característico" recebe o mesmo veredicto que o "programático": que ele não seria "poético".

A hermenêutica "poetizante" do romantismo, a busca por recolher em palavras balbuciantes o que escapa das palavras não deve ser confundida com a determinação de caracteres, como postulou Hermann Kretzschmar, nem mesmo com o esboço do "programa esotérico", no sentido de Arnold Schering. O empenho de, não obstante, dizer o indizível inicia-se não raro com o reconhecimento de sua inocuidade; a primeira sentença contém a derrogação das que a seguem. E nada seria mais falso que presumir que um exegeta como Tieck ou E. T. A. Hoffmann considere seu esboço poético como o "sentido oculto" da música: um texto "cifrado" em sons. Entretanto, o fato de que se tenha buscado uma explicação do "poético" em geral — na consciência da insuficiência principial — quer dizer que a música absoluta, entendida como realização da ideia de uma arte "puramente poética", não se esgotou como forma e estrutura. Ela compreende, formulando de maneira paradoxal, um excedente no qual se pressentiu sua essência.

---

28 Hans Georg Nägeli, *Vorlesungen über Musik mit Berücksichtigung der Dilettanten*, 1826, p. 32.
29 Ibid., p. 33.

Mas que palavras devo eu conceber e apanhar [*ergreifen*] para proclamar a força que a música celestial, com seus sons plenos e com seus apelos encantadores, exerce sobre nosso coração? Ela adentra a alma imediatamente com sua presença angelical e sopra odes celestiais. Ah, como se precipitam e como refluem em um piscar de olhos todas as recordações de todas as beatitudes naquele momento único, como se abrem para o convidado todos os nobres sentimentos, todas as grandes disposições! Quão rápido, como sementes encantadas, os sons deitam raízes em nós e então nos levam e empurram com forças ígneas invisíveis, e num piscar de olhos um bosque murmura com mil flores maravilhosas, com cores incompreensivelmente estranhas; nossa infância e um passado ainda mais anterior jogam e brincam nas folhas e na copa das árvores. Ali as flores são excitadas e dirigem-se umas às outras, a cor refulge na cor, o brilho resplandece no brilho, e toda a luz, todo o fulgor da chuva de raios atrai novo brilho e novos raios.[30]

O esboço "poetizante" de Tieck, um poema em prosa que procura "apanhar" a substância "puramente poética" de uma obra musical, diferencia-se de um "programa" ou de um "característico" através da "bela confusão"[31] com a qual o elemento metafórico muda e os mais distantes âmbitos da realidade estreitam-se. No entanto, é precisamente a arbitrariedade, a imaginação sem grilhões com a qual Tieck fere a lógica prosaica, o que faz da exegese um texto poético, permitindo ao leitor pressentir o que para o ouvinte da música absoluta se dá como experiência: experiência que o subjuga em um piscar de olhos, mas que não se deixa capturar. A impressão musical é tão fugaz quanto coercitiva; a paráfrase poética, ainda que permanente, é, porém, insuficiente.

---

30 Wilhelm Heinrich Wackenroder, *Werke und Briefe*, 1967, p. 236.
31 Ibid., p. 255.

A música absoluta foi compreendida como realização da ideia do "puramente poético" na estética romântica — em oposição à estética formalista, que estabelece uma fronteira entre a música absoluta, de um lado, e as intenções poetizantes ou programáticas, de outro, e não entre a música absoluta e poética e a música programática e característica. E quem constitui oposição ao poético tanto em Tieck como, mais tarde, em Schumann — que se apoia em Jean Paul — é o prosaico. A música era considerada prosaica — e na negação do prosaico delineiam-se os contornos de uma música verdadeiramente "absoluta" — quando ela estava sujeita a objetivos extramusicais, que ameaçavam sua dignidade metafísica; ao vagar no virtuosismo vazio — fosse composicional ou interpretativo —; quando era dependente de programas que a induziam a pinturas sonoras tacanhas; ou quando se perdia em sentimentos cotidianos. Em outras palavras: suspeitou-se que o sentimento expresso musicalmente, assim como a funcionalidade e o elemento programático ou característico, eram trivialidade.

O que Novalis disse da poesia podia ser estendido para a música, na qual a ideia do "poético" encontrava-se formulada da maneira mais pura: "está claro para mim que a poesia não deve produzir afetos. Afetos são simplesmente fatais, como as doenças".[32] E Friedrich Schlegel, que tendia a expressar de forma rude, através de fragmentos, o que outros com relutância davam a entender em tratados, suspeitou que a concepção de que a música "deve ser somente a linguagem da sensação" fosse sem dúvida "um ponto de vista raso da assim chamada naturalidade". "Às vezes é estranho e ridículo quando os músicos falam sobre os pensamentos em suas composições [...]. Porém, qualquer um que tenha sensibilidade para as maravilhosas afinidades entre todas as artes e ciências ao menos não

---

32 Novalis, *Fragmente*, 1929, p. 586.

considerará a questão sob o ponto de vista raso da assim chamada naturalidade, segundo a qual a música deve ser somente a linguagem da sensação; e não achará impossível certa tendência de toda música instrumental pura para a filosofia."[33]

Pode parecer surpreendente que Schlegel tenha associado o ataque contra o racionalismo — revelado explicitamente pelo termo "raso" e pela expressão "assim chamada naturalidade" — com uma objeção contra a estética do sentimento, pois a posição de que, justamente pelo contrário, a estética romântica teria sido (ou deveria ser) uma estética do sentimento, e a racionalista, uma estética da estrutura, é um desses preconceitos complexos na história das ideias, tão profundamente enraizados que o historiador quase não tem chance de extirpá-los. Mas, na medida em que se compreende a estética musical romântica como a estética musical dos românticos, ela — como metafísica da música instrumental — fica no mínimo tão distante da estética do sentimento, com a qual é repetidamente confundida, quanto do formalismo de Hanslick. (A dicotomia que se deixou ser imposta por Hanslick é inadequada para o início do século XIX.)

A estética do sentimento — a associação do sentimental [*Gefühlsvollen*] com o simples e natural: a esperança de que, pela música, um compositor ou intérprete expressasse a si mesmo, "soprasse em sons sua alma", para provocar no ouvinte a simpatia e a compaixão; de que, portanto, em outras palavras, a música consistisse em um meio para formar uma socialidade e uma sociabilidade não convencionais, "universalmente humanas" e "não alienadas" — pode ser compreendida sócio-historicamente como a estética burguesa que permaneceu quase intocada pelas diferenças

---

33 Friedrich Schlegel, "Charakteristischen und Kritiken I", em *Kritische Friedrich-Schlegel-Ausgabe*, vol. II, 1967, p. 254.

na história das ideias entre Iluminismo, *Empfindsamkeit*, *Sturm und Drang*, romantismo popular e o período *Biedermeier*.[34] Ela é documentada desde o início do século XVIII nas *Reflections critiques* [Reflexões críticas] do abade Dubos: "Justamente tal como a pintura imita as formas e cores da natureza, a música imita os sons, os acentos, os suspiros, as modulações da voz, em suma, todos os sons através dos quais a própria natureza expressa os sentimentos e as paixões".[35] A cadeia de citações com as quais Hanslick encerrou em 1854 o primeiro capítulo de sua polêmica contra a "apodrecida estética do sentimento",[36] no entanto, atesta sua existência inquebrantável até meados do século XIX.

Em contraste, a teoria romântica da música instrumental é uma metafísica que, em oposição à estética do sentimento, foi desenvolvida até suas variantes populares. Schlegel compara a forma musical com a meditação filosófica para tornar claro que a forma seria espírito, e não mero invólucro de uma exposição do afeto ou uma expressão do sentimento. No romantismo — o autêntico, em contraste com o romantismo trivial —, a "bela confusão" do artístico opõe-se ao simples; o fantástico, ao natural; o pressentimento metafísico que proporciona ao solitário a contemplação musical esquecida de si e do mundo, ao culto social do sentimento.

O gesto brusco com o qual Novalis e Friedrich Schlegel se afastaram e polemicamente renegaram a cultura burguesa do sentimento — na qual a música, como linguagem das sensações, instituía simpatia e socialidade — aparece, mesmo sendo tão característica para a estética romântica,

---

34 O período chamado de *Biedermeier* estende-se de 1815 (Congresso de Viena) a 1848 (revoluções de 1848 no mundo germânico). [N. T.]
35 Abbé Dubos, *Reflections critiques sur la Poésie et sur la Peinture*, 1715. Edição alemã: 1760, p. 413.
36 Eduard Hanslick, *Vom Musikalisch-Schönen*, 1854. Reimp.: 1965, pp. 10-ss.

como expressão extrema de sua tendência fundamental, uma tendência que admitiu também outras formulações. August Wilhelm Schlegel, por exemplo, manifestou-se, como de costume, de maneira contida e conciliadora. Enquanto Novalis — com horror por uma socialidade tão repleta de sentimento que podia se tornar repugnante — falava de afetos como se fossem doenças contagiosas, para August Wilhelm Schlegel se tratava da "sujeira material", mesmo que ele tenha atribuído à música um efeito catártico. "Ela purifica as paixões, por assim dizer, da sujeira material, que lhes é aderente, na medida em que as representa em nosso sentido interior, sem relação com objetos, apenas segundo sua forma; e deixa que respirem no éter mais puro depois de libertá-las do invólucro terreno."[37]

No século XIX, era um lugar-comum estético-musical, em diferentes versões e com acentuações cambiantes, que por meio da música fossem expressos sentimentos ou afetos "meramente segundo sua forma". A mesma premissa, a tese da ausência de objeto e de conceito dos sentimentos representados musicalmente, proporcionou, entretanto, consequências divergentes e contraditórias. O fato de que a música só possa capturar sentimentos in abstracto, de forma sombria, por assim dizer, não impediu Arthur Schopenhauer de acentuar a expressão do sentimento — e não a forma musical — como o momento decisivo: o objeto da música seria a "vontade" — entendida como epítome dos afetos —, o impulso cego e o ímpeto em que Schopenhauer acreditou ter descoberto a "coisa em si" por trás dos fenômenos do mundo. Portanto, a abstração aparece para ele justamente como garantia — e não como carência — de que os sentimentos musicalmente representados não se alinham aos fenômenos empíricos do mundo, mas penetram

---

[37] August Wilhelm Schlegel, *Die Kunstlehre*, 1963, p. 215. [*Doutrina da arte*, trad. Marco Aurélio Werle, 2014, p. 220.]

na essência metafísica destes. A estética do sentimento do século XVIII, através do momento de ausência de objeto, dá uma guinada em direção ao metafísico. A música não expressa "nunca o fenômeno, mas sim apenas a essência interior, o 'em si' de todo fenômeno, a vontade mesma". O que ela exprime é "por isso não esta ou aquela alegria individual e determinada, esta ou aquela aflição, ou dor, ou horror, ou júbilo, ou regozijo, ou calma; mas sim *a* alegria, *a* aflição, *a* dor, *o* horror, *o* júbilo, *o* regozijo, *a própria* calma; de certo modo, in abstracto, o essencial ele mesmo, sem acréscimos; e assim também sem a motivação para tanto".[38] O que em Schopenhauer é o "essencial" aparece em Hanslick rebaixado a "inessencial". Para Hanslick, a ausência de objeto e a abstração da expressão musical significam que a música permaneceria restrita a expor o "dinâmico" dos sentimentos. "Ela não pode descrever o amor, mas apenas um movimento, que pode acontecer no amor ou também em outro afeto, mas que é sempre o *inessencial* de seu caráter."[39] E, segundo o argumento central que fundamentou o "formalismo" estético-musical, um dinamismo indeterminado e indiferenciado do sentimento não poderia ser a substância estética e a *raison d'être* de uma forma musical determinada e diferenciada. (Assim como Hanslick, Schopenhauer procurou resolver o mesmo problema de saber como a ausência de objeto da expressão musical se comporta diante da determinidade da forma musical, mas chegou ao resultado oposto: "No entanto, sua universalidade de maneira alguma é aquela universalidade vazia da abstração, mas sim de um tipo inteiramente diferente, e está ligada à determinidade universal e clara. Nisso ela se iguala às figuras geométricas".[40]

---

38 Arthur Schopenhauer, *Sämtliche Werke*, vol. II, 1900, pp. 258-9.
39 Eduard Hanslick, *Vom Musikalisch-Schönen*, 1854. Reimp.: 1965, p. 16.
40 Arthur Schopenhauer, *Sämtliche Werke*, vol. II, 1900, p. 259.

A correlação entre a "determinação geral" da estrutura, de um lado, e da expressão, de outro, permanece, porém, mera afirmação.)

A variante da estética do sentimento de Schopenhauer, a tese de que um afeto expressado musicalmente se elevaria, por meio da abstração — da separação de objetos e motivações —, à dignidade metafísica, parece ter sido inspirada por Wackenroder. Em vez de uma resignada e tenebrosa metafísica da "vontade", em Wackenroder tem-se, entretanto, uma "devoção" estética sob o signo da "religião da arte", em um contexto no qual o pensamento de uma expressão musical de sentimentos in abstracto contém uma significação filosófica.

Os sentimentos que se abrem à contemplação estética esquecida de si — concentrada na música e em sua significação, e não mergulhada em emoções casuais do próprio ânimo — devem ser superados [*aufgehoben*] como afetos bem definidos e determinados por palavras para encontrar acesso à "arte sonora pura e absoluta". "Quando todas as oscilações interiores das fibras cardíacas — as vibratórias da alegria, as tempestuosas do deleite, o pulso estrepitoso da adoração voraz —, quando toda a linguagem das palavras, como a sepultura da ira interior do coração, estoura com uma exclamação, então elas emergem sob o céu estrangeiro nas oscilações de adoráveis cordas de harpa, como em uma vida sobrenatural na beleza transfigurada, e celebram sua ressurreição como figuras angelicais."[41] A música instrumental, sem palavras, aparece como redenção dos sentimentos, livres assim dos grilhões da música vocal, esta ligada às palavras. Somente porque "separamos as chamadas sensações" — como diz Wackenroder com claro distanciamento da *Empfindsamkeit* e de sua cultura social do sentimento — "da mistura confusa

---

41 Wilhelm Heinrich Wackenroder, *Werke und Briefe*, 1967, pp. 222-3.

e da teia da essência mundana em que estão enredadas, e [porque] elas nos conduzem particularmente a uma bela lembrança e, à sua maneira, ali nos conservam",[42] é que elas contêm sentido estético; e isso significa para Wackenroder o mesmo que um sentido artístico-religioso. "Esses sentimentos que se alçam ao nosso coração parecem-nos às vezes tão soberbos e grandiosos que os guardamos como relíquias em ostensórios preciosos [...]. Para essa conservação dos sentimentos foram então feitas diversas descobertas belas, e assim se estabeleceram todas as belas artes. No entanto, eu considero a música como a mais maravilhosa dessas descobertas, pois ela descreve os sentimentos humanos de um modo sobre-humano."[43] A expressão musical do sentimento foi "sacralizada" por Wackenroder, com consequências incalculáveis para a estética musical do século XIX. Contudo, os sentimentos, com a exaltação do imensurável, afastaram-se de tal modo de sua origem que a distância que Wackenroder guarda da *Empfindsamkeit* parece pouco menor que aquela que ele mantém de uma estética da forma com a "superestrutura" metafísica, tal como foi proclamada no século XX por Ernst Kurth. A "elevação" artístico-religiosa por sobre a tradição da *Empfindsamkeit* foi adaptada no século XIX, no entanto, como peça sequencial edificante pela cultura burguesa do sentimento — cuja marca sentimental seguiu tendo efeito na época clássico-romântica como tendência oculta e teve continuidade no período Biedermeier.

A estética da música instrumental de Wackenroder — em que a música absoluta aparece como pressentimento do infinito, tal como ele se revela para um sentimento que, em si mesmo, separado da "sujeira material", já é religião — foi traduzida por Karl Wilhelm Ferdinand Solger e Christian

---

42 Ibid., p. 206.
43 Ibid., pp. 206-7.

Hermann Weisse para a linguagem da filosofia dialética, uma linguagem que não diminuiu a pretensão enfática do filosofema estético, em que se interpenetravam a religião da arte e a do sentimento, mas sim a aumentou, na medida em que uma doutrina que em todo caso poderia ser perdoada como poesia pelos cultos entre os detratores, agora se apresentava como produção científica.

Em seus *Vorlesungen über Ästhetik* [Cursos sobre estética], de 1819, mas publicados postumamente em 1828, Solger parte, no capítulo sobre a música, da intuição de Herder de que "a alma universal, o simples conceito do ser-aí [*Dasein*] das coisas existentes, [se expressaria] através do som em geral".[44] "Só que a música não está ali meramente em nome da expressão de sensações particulares; estas não são nada na condição de estados momentâneos, os quais só podem ser algo para a arte mediante a combinação em uma unidade [*Verbindung in eine Einheit*]. A sensação momentânea deve interpenetrar-se, por isso, com a simplicidade do ânimo humano." Em outras palavras, o fato de que uma unidade do caráter deva fundamentar uma multiplicidade de sentimentos diversos para que o postulado central da estética — que ao mesmo tempo era o da ética — seja realizado, é algo que lembra o esboço de Körner de uma estética musical clássica que partiu da oposição entre páthos e éthos. Porém, a ênfase artístico-religiosa ressaltada por Solger é uma herança do romantismo. A música é "de um lado, e em geral, o sentir interior da alma, e de outro, a expressão da sensação particular. Ambos devem interpenetrar-se intimamente e, justamente por isso, expor a ideia na qual a música é sentida sempre como universal e ao mesmo tempo como estado momentâneo". "Ideia" significa, na linguagem da filosofia dialética, a mediação entre o universal e o particular. O "sentir interior da alma", entretanto, para

---

44 Karl Wilhelm Ferdinand Solger, *Vorlesungen über Ästhetik*, 1969, p. 340.

Solger, assim como para Friedrich Schleiermacher, parece ter sido o lugar em que a religião se constituiu: como elevação por meio da imersão em si mesmo. Pois, de outra maneira, pouco se poderia esclarecer da passagem do "sentir interior" como consciência de si para o sentimento de uma "presença do eterno". "Assim, através do momento do fenômeno, a música pode nos transportar para dentro da presença do eterno, na medida em que dissolve nossa sensação na unidade da ideia viva [...]. A música dissolve nossa própria consciência na percepção do eterno. O uso peculiar e essencial da música é, portanto, o religioso."[45] O que em Körner foi chamado de éthos — os laços que mantêm unidos os sentimentos momentâneos expressados musicalmente — tornou-se em Solger uma experiência religiosa mediada pela arte e enraizada no "sentir interior da alma".

No *System der Ästhetik* [Sistema da estética] de Weisse, publicado em 1830, é a música instrumental absoluta que marca e torna perceptível da maneira mais nítida o "espírito moderno" — elevado à consciência de sua autonomia e destacabilidade. "A vivacidade do espírito oferece a si mesma sua forma distinta na música instrumental, forma que lhe é peculiar e diferente de toda particularidade por trás do império da beleza." (Por "particularidade", que abandona o afeto como "belo afeto", Weisse se refere, assim como Schopenhauer, às condições empíricas e finitas, objetos e motivações dos sentimentos.) Essa vivacidade "exterioriza-se nessa arte como uma oscilação incessante ou um flutuar entre dois polos opostos da tristeza e da alegria, ou do lamento e do júbilo" (Nägeli, em 1826, quatro anos antes de Weisse, em seus *Vorlesungen über Musik* [Cursos sobre música], já falava de um "flutuar" em "toda a incomensurável região dos sentimentos", que na mesma

45 Ibid., p. 341.

medida significa a superação [*Aufhebung*] como transfiguração dos afetos).[46] Estes "são sensações ou estados de ambas as partes, que aqui aparecem em sua pureza, como atributo do absoluto, ou, do espírito divino, caso se queira adotar esta expressão, sem referência imediata ao que, pelo contrário, no espírito finito do ser humano os desperta, diversifica e acompanha".[47] Os sentimentos in abstracto, purificados "da sujeira material", os quais Wackenroder quisera guardar "como relíquias em ostensórios preciosos" — ostensório que para ele era apenas a música instrumental absoluta —,[48] aparecem para Weisse — e quase não se pode formular de modo mais extremo a doutrina da religião da arte enquanto religião do sentimento — como "atributo do espírito divino".

---

46 Hans Georg Nägeli, *Vorlesungen über Musik mit Berücksichtigung der Dilettanten*, 1826, p. 33.
47 Christian Hermann Weisse, *System der Ästhetik als Wissenschaft von der Idee der Schönheit*. Reedição: vol. II, 1966, pp. 56-7.
48 Wilhelm Heinrich Wackenroder, *Werke und Briefe*, 1967, p. 206.

Contemplação estética como devoção

No prólogo panegírico de sua monografia *Über Johann Sebastian Bachs Leben, Kunst und Kunstwerke* [Sobre a vida, arte e obras de arte de Johann Sebastian Bach], Johann Nikolaus Forkel escreveu que ele chegara "à opinião de que não se poderia falar das obras de Bach, quando se as conhece integralmente, de outra maneira senão com fascínio, e de algumas delas até mesmo somente com um tipo de adoração divina".[1] O tom religioso que Forkel — não sem hesitação — adotou era, em 1802, ainda inteiramente inusitado quando o assunto eram obras de arte. E o sentimento de não se incorrer em blasfêmia quando ele confrontava imagens musicais com "adoração divina" deve ter sido transmitido para Forkel por meio da leitura de Herder ou Tieck e Wackenroder.

Em 1793, após uma "estadia na Itália" que lhe permitiu "meditar mais sobre a música da liturgia do que teria a oportunidade de o fazer na Alemanha",[2] Herder escreveu o ensaio *Cäcilia*: "pois a devoção, parece-me, é a mais alta soma da música, a divina e celestial harmonia, submissão e alegria. Nesse caminho, a arte sonora obteve seus mais belos tesouros e alcançou o âmago da arte".[3] A música "sagrada", para a qual Herder demanda "devoção", é a música "de um Leo, Durante, Palestrina, Marcello, Pergolese, Händel, Bach".[4] O tempo presente aparece para Herder

---

1 Johann Nikolaus Forkel, *Über Johann Sebastian Bachs Leben, Kunst und Kunstwerke*, 1802. Reedição: 1970, p. 12.
2 Johann Gottfried Herder, *Werke*, vol. XV, 1879, p. 337.
3 Ibid., p. 341.
4 Ibid., p. 345.

como um "tempo de escassez"; porém, de uma grandeza no passado, que pode ser mantida na recordação mesmo quando já desapareceu da efetividade, pode-se almejar a esperança de que o caminho para uma segunda era da música sacra não esteja interditado. "A música sagrada está tão extinta quanto se pode extinguir o verdadeiro sentimento da religião e da simplicidade; entretanto, ela espera e anseia decerto por um tempo de restauração e revelação."[5]

A arte sonora "sagrada", cuja ideia Herder evocava em 1793, não era, portanto, a música simplesmente, mas sim a "verdadeira" música sacra, cujos princípios ele encontrou realizados em Bach da mesma maneira que em Palestrina. (O conceito estrito de música de igreja, de que se nutriram os entusiastas de Palestrina do século XIX — os protestantes da mesma maneira que os católicos — era ainda estranho a Herder.) No entanto, em 1800 — em *Kalligone*, de Herder, uma metacrítica da *Kritik der Urteilskraft* [Crítica da faculdade de julgar] de Kant — a devoção é "a mais alta soma da música", um sentimento com o qual Herder confronta a música em geral, inclusive e justamente a música absoluta "apartada de palavras e gestos". "Se vós, portanto, que desprezais a música dos sons enquanto tal e dela nada podeis tirar de proveitoso [referindo-se a Kant] sem palavras, então permanecei dela afastados [...]. Quão difícil foi para a música apartar-se de suas irmãs, palavras e gestos, e constituir-se por si própria enquanto arte, sabe-o o lento caminho de sua história. Foi preciso um meio próprio e coercitivo para ela se tornar autônoma e se dispensar de auxílios externos."[6] Para Herder, o fato de que a origem da música reside no canto não impede, portanto, que seu *telos*, no qual aparece sua essência, seja a música absoluta.

---

5 Ibid., p. 350.
6 Johann Gottfried Herder, *Werke*, vol. XVIII, 1879, p. 604.

No entanto, Herder procurou o "meio coercitivo" — que foi necessário para permitir que uma música instrumental autônoma, apartada de funções e textos, surgisse carregada de sentidos e como arte em um sentido enfático — menos na estrutura da coisa mesma que na disposição da consciência do ouvinte. Em outras palavras: a reivindicação da música absoluta como "belo destituído de um conceito", uma "conformidade a fins sem um fim", de estar ali por seu próprio querer, em vez de sustentar acontecimentos ou ilustrar textos, não se deixa justificar, segundo Herder, de outra maneira senão pelo fato de que o ouvinte se distancia para a contemplação esquecida de si e do mundo, na qual a música aparece como "mundo à parte por si mesma".[7] A legitimação da música absoluta reside na contemplação estética, e seu significado para a "formação da humanidade" e vice-versa, a legitimação da imersão estética, na expressividade da música absoluta, que se eleva acima das palavras. "O que era aquilo que a separava" — a música — "de tudo de estranho, da visão, da dança, dos gestos e mesmo da voz acompanhante? A devoção. A devoção é o que eleva o ser humano e a comunidade humana por sobre as palavras e gestos, uma vez que para seus sentimentos então nada permanece senão... os sons."[8]

A afirmação de que seria adequado ouvir uma obra de música absoluta com "devoção", em vez de deixar que ruídos agradáveis, mas vazios, estimulassem a conversação — tal como Sulzer, que incorporou o *common sense* do final do século XVIII, ainda a sentia —, não era de modo algum evidente por volta de 1800, mas antes bastante insólita. A transmissão da "devoção" da música "sagrada" para a absoluta não foi, no entanto, mera euforia — como poderia suspeitar um detrator da "religião da arte" do século XIX —,

---

7   Wilhelm Heinrich Wackenroder, *Werke und Briefe*, 1967, p. 245.
8   Johann Gottfried Herder, *Werke*, vol. XVIII, 1879, p. 604.

mas significou nada menos que a descoberta fundamental para a cultura musical do século XIX de que a grande música instrumental, para ser concebida como "lógica musical" e como "linguagem acima da linguagem", dependia de uma determinada atitude — a contemplação estética descrita mais insistentemente por Schopenhauer; uma atitude através da qual ela em geral se constituiu primeiro para a consciência. A contemplação, para utilizar a terminologia fenomenológica de Edmund Husserl, é a "noesis" do "noema" da música absoluta.

Contudo, a visão de Herder pressupunha que a música "indeterminada" e "apartada de palavras e gestos" tivesse aparecido não como um modo mais deficiente da música vocal, mas como a arte sonora "verdadeira". Somente quando a música sem palavras "eleva-se" acima da linguagem, em vez de se submeter a ela, é possível permitir que a elevação pela devoção religiosa e a contemplação da música absoluta se fundam.

De nenhuma maneira se pode excluir que Herder tenha sido compelido pela própria experiência — e pela oposição a Kant, o detrator da música instrumental — à crença de que se deveria trazer à música absoluta, assim como à "arte sonora sagrada", um sentimento de "devoção"; mas é mais verossímil que ele tenha se deixado influenciar por Wackenroder. (As *Herzensergießungen eines kunstliebenden Klosterbruders* [Efusões do coração de um monge amante da arte] são de 1797, e as *Fantasias sobre a arte* apareceram em 1799.) E foi na linguagem de Wackenroder que o século inteiro expressou a devoção pela qual se sentiu arrebatado por meio da música.

> Quando Joseph estava em um grande concerto, ele instalava-se em um canto sem olhar para o grupo reluzente de ouvintes e escutava com a mesma devoção como se estivesse na igreja — igualmente sereno e imóvel, e com os olhos

voltados para o chão. Não lhe escapava o mais ínfimo som, e ao final, por conta da tensa atenção, ele estava inteiramente cansado e exaurido [...]. Nas sinfonias orquestrais alegres e cativantes, que ele amava antes de tudo, ocorria-lhe muitas vezes enxergar um coro vivaz de meninos e meninas dançando em um campo ensolarado [...]. Algumas partes da música eram-lhe tão claras e penetrantes que os sons lhe pareciam ser palavras. Uma outra vez novamente os sons tiveram em seu coração o efeito de uma maravilhosa mistura de alegria e tristeza, de maneira que riso e choro do mesmo modo lhe pareciam similares [...]. Todas essas diversas sensações sempre geravam em sua alma imagens correspondentes e pensamentos novos: um dom maravilhoso da música; uma arte que em geral tem efeito tanto mais poderoso sobre nós e que põe em alvoroço de modo tanto mais universal todas as faculdades de nossa essência, quanto mais obscura e enigmática é sua linguagem.[9]

A palavra "devoção" deve ser compreendida em um sentido quase não metafórico em Wackenroder-Berglinger — na passagem citada, Wackenroder e Berglinger, autor e personagem, são idênticos. Nas *Fantasias sobre a arte* o assunto é decerto uma "audaz figura alegórica", quando os adeptos da religião da arte, que "de coração sincero se ajoelham diante da arte e lhe rendem a homenagem de um amor eterno e ilimitado", são comparados a alguém "escolhido para a ordenação sacerdotal" que "encontra em toda parte na vida belos motivos para honrar a seu Deus e dar-lhe graças".[10] Mas a "figura alegórica" transforma-se em reconhecimento simples e sem reservas quando Wackenroder venera a "sacralidade profunda e inalterável que pertence a essa arte" — a música — "antes de

9   Wilhelm Heinrich Wackenroder, *Werke und Briefe*, 1967, pp. 115-6.
10 Ibid., pp. 210-1.

todas as outras"[11] ou quando Tieck inclusive identifica, sem qualquer timidez, religião e arte: "pois a arte sonora é sabidamente o último mistério da fé, a mística, a religião inteiramente revelada".[12]

A "devoção" para a qual o par Wackenroder-Berglinger se sente elevado vale a princípio para toda música, sem distinção de gêneros e estilos. A "mim desde sempre ocorreu que aquele mesmo tipo de música que ouço toda vez me parece ser o primeiro e o mais excelente, fazendo-me esquecer todos os outros tipos".[13] (O "escolhido para a ordenação sacerdotal", com o qual Wackenroder, através de uma "audaz figura alegórica", compara o confessor da religião da arte, "levanta altares *em todo lugar*".) Porém, são as "sinfonias orquestrais" o "que ele amava antes de tudo". E o fato de que é na música instrumental absoluta — a "arte sonora pura e absoluta", como Hanslick a denominou — que a ideia da música fica marcada do modo mais claro é algo que Tieck exprimiu de maneira ainda mais decisiva que Wackenroder.[14]

A espécie de escuta musical descrita por Wackenroder em *Das merkwürdige musikalische Leben des Tonkünstlers Joseph Berglinger* [A estranha vida musical do compositor Joseph Berglinger] deve parecer contraditória para um leitor que cresceu com as categorias estéticas do século XX. De um lado, tem-se a tensa concentração na coisa mesma, o fenômeno musical; de outro lado, "imagens sensíveis e pensamentos novos"[15] que são estimulados pela

---

11 Ibid., p. 221.
12 Ibid., p. 251.
13 Ibid., p. 211.
14 Ibid., p. 254.
15 [*Von sinnlichen Bilder und neue Gedanken*] Dahlhaus refere-se ao trecho supracitado (cf. nota 9), que fala de "imagens correspondentes e pensamentos novos" [*entsprechende Bilder und neue Gedanken*]. [N. T.]

música. E tanto Wackenroder[16] como Tieck[17] descrevem nas *Fantasias sobre a arte,* em uma linguagem caracterizada justamente pela abundância de metáforas, suas impressões ao ouvir sinfonias. No entanto, compreendem-se mal as descrições quando se lê com a desconfiança indiferenciada de um "formalista" ante todos os tipos de "hermenêutica". É essencial considerar que — para falar na terminologia da época, por volta de 1800 — elas não são nem "históricas" nem "características", mas sim "poéticas": não contam nenhuma história e evitam chamar um páthos ou éthos determinado e bem delimitado pelo nome, devendo a música valer-lhes como sua expressão. A intenção é muito mais a tentativa de se falar da essência poética da música — e isso não significa a essência literária, mas sim a metafísica — através de analogias que se entrelaçam com figuras enigmáticas e labirínticas na mesma medida em que insinuam que a música é uma "linguagem acima da linguagem". As sinfonias, escreveu Tieck, "revelam em linguagem enigmática o mais enigmático; elas não dependem de leis da verossimilhança, não necessitam prender-se a nenhuma história e a nenhum caráter; elas permanecem em seu mundo puramente poético".[18]

É como se as formas de escuta musical que se fundiram em 1797 em *Joseph Berglinger* sem gradação de valor, no esboço de uma teoria da recepção, que Wackenroder inseriu em uma carta para Tieck de 1792, fossem diferenciadas de acordo com a maneira "verdadeira" e a "falsa" de se apreciar a música.

> Quando vou a um concerto, descubro que aprecio a música sempre de duas maneiras. Somente uma delas é a verdadeira:

---

16 Wilhelm Heinrich Wackenroder, *Werke und Briefe,* 1967, pp. 226-7.
17 Ibid., pp. 236-7.
18 Ibid., p. 255.

> ela consiste na observação mais atenta dos sons e de sua progressão; na rendição completa da alma a essa corrente progressiva de sensações [na expressão "sensações", tal como em Kant, as impressões sensíveis e os sentimentos parecem fundir-se uns com os outros]; na distância e no isolamento de todos os pensamentos perturbadores e de todas as impressões sensíveis externas. Esse sorver tenaz dos sons está ligado a certo esforço, que não se suporta por muito tempo [...]. A outra maneira como a música deleita-me não é de modo algum uma apreciação verdadeira ela mesma, não é uma percepção passiva da impressão dos sons, mas sim uma certa atividade do espírito, que é estimulada e conservada através da música. Então não ouço mais a sensação dominante da peça; pelo contrário, meus pensamentos e fantasias são como que sequestrados pelas ondas do canto e frequentemente se perdem em um refúgio distante.[19]

(A palavra "passiva" poderia levantar suspeitas; a estética moderna tende a conceber a concentração na obra, que Wackenroder aponta como "percepção passiva da impressão dos sons", como "escuta ativa" no sentido de Hugo Riemann, esclarecendo-a como a retomada do processo de composição e vice-versa, o perder-se a si mesmo em imagens e pensamentos, que nos conduz para longe da música, esclarecendo-o como o "passivo" estar-entregue a associações "mecânicas".)

A descrição em *Joseph Berglinger*, quando se parte das premissas de uma estética do "especificamente musical", aparece como um recuo na incompreensibilidade e na "hermenêutica" indefinida; como o esfumar-se das fronteiras que haviam sido traçadas na carta. No entanto, não se devem confundir as descrições "poéticas" nas *Fantasias sobre a arte* com o fluxo de imagens e pensamentos que

---

19 Ibid., pp. 283-4.

em 1792 Wackenroder acusou de ser a falsa escuta musical. A "arte sonora pura e absoluta" não foi em lugar algum travestida de música "programática" ou "característica", mas somente interpretada "poeticamente". As analogias — às vezes às custas de colisões metafóricas literariamente questionáveis — detêm-se na esfera de uma indeterminidade preenchida de pressentimentos, na qual a estética romântica buscou a origem metafísica da música instrumental. E as características essenciais da contemplação — do procedimento, portanto, que forma um correlato para a ideia da música absoluta — permanecem em *Joseph Berglinger* tão intocadas quanto no esboço de 1792 dos ouvintes musicais "verdadeiros": o distanciamento da música absoluta em relação ao programático e ao característico; o "anseio infinito", que, como elevação por sobre o acanhamento da linguagem verbal no finito-conceitual, configura a "essência poética" da música; e finalmente a concentração na obra em vez de um perder-se em pensamentos e sentimentos digressivos.

O fato de que a contemplação estética possa ter aparecido como devoção religiosa foi a outra face do episódio no qual a devoção religiosa às vezes alcançava o limiar em que passava para a contemplação estética. (Pode-se expressar o entrelaçamento das mudanças artístico-filosóficas e religioso-filosóficas — a interação manifesta-se como "história das ideias", que, como acreditou Wilhelm Dilthey, é menos uma origem e muito mais um resultado — através da fórmula de que uma "sacralização" do profano corresponderia a uma "secularização" do religioso; porém, quando se prefere evitar, como historiador sem o dogma teológico, a acusação de apropriação indevida presente na palavra "secularização", pode-se também considerar um fenômeno como o da religião da arte no século XIX com toda a certeza como uma forma historicamente legítima da consciência religiosa.)

Nos discursos de *Über die Religion* [Sobre a religião], em que Friedrich Schleiermacher, em 1799, em imediata proximidade cronológica com as *Fantasias sobre a arte* de Wackenroder e Tieck e com *Kalligone* de Herder, se dirigiu "aos ilustrados entre seus detratores" [da religião], ele separava abruptamente a religião da metafísica ou especulação, de um lado, e da moral ou práxis, do outro. "Sua essência não é nem o pensar nem o agir, mas sim a intuição e o sentimento."[20] "Práxis é arte, especulação é ciência, religião é sentido e gosto para o infinito."[21] No entanto, "intuição e sentimento" — intuição do finito, tal como este imediatamente se detém diante dos olhos, e sentimento para o infinito, com o qual [com o finito] este está entrelaçado — são descritos em turnos fundamentados de maneira inequívoca no modelo da contemplação estética.

> A intuição sem sentimento não é nada e não pode possuir nem a origem correta nem a faculdade correta. O sentimento sem a intuição também não é nada: ambas, portanto, somente são algo se e porque originalmente são um só e indivisíveis. Aquele primeiro instante misterioso, que ocorre com toda percepção sensível, antes ainda de a intuição separar-se do sentimento, em que o sentido e seu objeto como que fluem um no outro e se tornam um só, antes ainda de ambos regressarem a seus postos originários... eu sei quão indescritível ele é e quão rápido se esvai, mas gostaria que vós pudésseis retê-lo e também reconhecê-lo novamente na atividade religiosa mais elevada e divina do ânimo.[22]

As metáforas devem ser levadas a sério em uma teologia que não desdenha de buscar a proximidade com a poesia.

---

20 Friedrich Schleiermacher, *Über die Religion*, 1958, p. 29.
21 Ibid., p. 30.
22 Ibid., p. 41.

No discurso *Über das Wesen der Religion* [Sobre a essência da religião], em que Schleiermacher separa a ação da religião, ele compara a religião, que acompanha a ação sem a motivar, com a "música sagrada": "toda ação verdadeira deve e também pode ser moral, porém os sentimentos religiosos devem acompanhar todo o fazer do ser humano, tal como uma música sagrada; ele deve fazer tudo com religião, e nada a partir da religião".[23] A música pode ser "sagrada" porque, em sentido contrário, o sagrado, tal como Schleiermacher o compreende, pode se manifestar na música. A religião que Schleiermacher pregava "aos ilustrados entre seus detratores" é uma "religião do sentimento", e isso, dito em forma negativa, significa: uma não "religião da palavra". Ela orbita o "inexprimível", ao invés de aferrar-se ao que é "dito". Crenças são simplesmente a expressão mais secundária, "apresentadas discursivamente", de "estados de ânimo piedosos", não sua substância.[24] No entanto, o "inexprimível" — o correlato objetivo para o "estado interior" subjetivo no qual se constitui a religião — pode ser cifrado através da música, que é uma linguagem acima da linguagem. "Entre os âmbitos da linguagem, do poético, da oratória e do didático expositivo, o poético é o mais elevado, e mais elevada que os três juntos e melhor que eles é a música."[25]

Schleiermacher representava a teologia protestante do século XIX. A partir de sua doutrina de que as sentenças estão de acordo com as sentenças verdadeiramente teológicas quando o sentimento religioso se convence de si mesmo nelas, pode-se, portanto, concluir — sem falsa generalização — que a religião da arte do século XIX foi

23 Ibid., pp. 38-9.
24 Friedrich Schleiermacher, *Glaubenslehre*, § 15. Segundo Karl Barth, *Die protestantische Theologie im 19. Jahrhundert*, vol. II, 1975, p. 385.
25 Ibid.

inteiramente religião e não meramente seu disfarce. Pois bastou o sentimento do infinito, que é a substância da religião, se expressar na música para se permitir que a contemplação estética e a devoção religiosa fluíssem uma na outra, sem que o assunto pudesse ser superstição sob as premissas teológicas de Schleiermacher — que poderiam valer como premissas de todo o século. O teólogo do sentimento — um sentimento que, de um lado, é "consciência imediata de si" e, de outro, sensação "de absoluta dependência" — era ao mesmo tempo, sem expressá-lo, o teólogo da religião da arte.

O que Schleiermacher hesitantemente insinuou foi proclamado de maneira categórica no folheto *Die neue Kirche* [A nova igreja], que o teólogo berlinense Martin Leberecht de Wette trouxe a público de forma anônima em 1815: "arte e poesia", lê-se ali, "são para os ilustrados de nosso tempo o meio mais efetivo de despertar sentimentos religiosos. No sentimento, a fé manifesta-se do modo mais imediato. Porém, a arte serve da melhor maneira ao sentimento religioso".[26]

Entre os teólogos católicos, Johann Michael Sailer foi quem louvou a arte como meio para o despertar religioso. Em seu discurso *Von dem Bunde der Religion mit der Kunst* [Da ligação da religião com a arte] na universidade de Landshut em 1808, ele rejeitou "a religião meramente estética, que somente nada nos sentimentos indeterminados do divino",[27] mas destacou: "a religião mantém com a arte uma ligação que não é casual, não é convencional, mas sim essencial e necessária, que não veio de hoje nem de ontem, mas é eterna".[28] A "única arte sagrada" é, segundo Sailer, "um dos órgãos que revelam a vida da religião"

---

26 Hubert Schrade, *Deutsche Maler der Romantik*, 1967, p. 17.
27 Johann Michael Sailer, *Sämmtliche Weke*, vol. XIX, 1839, pp. 161-2.
28 Ibid., p. 164.

e permitem à "religião interior e invisível" distinguir-se como "exterior e visível".[29] E vice-versa: "se, no entanto, a religião, ao lado da vida que avança para o exterior, também possui uma vida que se retrai, que avança para o íntimo e adentra profundamente o ânimo inquieto, então a única arte sagrada possui uma nova dignidade; ela não é apenas um órgão da religião desde fora, é também um órgão da religião a partir de dentro".[30]

29 Ibid., p. 166.
30 Ibid., p. 170.

Música instrumental e religião da arte

A religião da arte do século XIX, a crença de que a arte, apesar de ser feita pelo homem, seria revelação, caiu em descrédito como "mistura turva". E o protesto contra ela, como, por exemplo, Igor Stravinsky a formulou, dirige-se, de um lado, contra a sacralização da arte e, de outro, contra a secularização da religião, sendo, portanto, duplamente motivado: sente-se obrigado tanto a proteger a religião do abuso pela arte quanto a arte do abuso pela religião. Contudo, se, em vez de indignar-se com uma parte do "ruim século XIX" em nome da teologia dialética ou do formalismo estético-musical, considerar-se a religião do sentimento de Schleiermacher como grau de desenvolvimento com direito próprio na história da piedade e da teologia, então se evidencia que na religião da arte uma ideia artística, que tende para a religião, e uma ideia religiosa, que tende para a arte, coincidem, sem que isso se possa tratar de uma falsa transposição. Nada autoriza o historiador a falar de "ilegitimidade". Ademais, a ideia da religião da arte, quando ainda não havia recaído em uma fórmula de edificação pessoal, foi sempre concebida como problema e não como um dogma simples e indubitável; e a dialética complicada em que se enredou uma estética inspirada religiosa e filosoficamente mostra-se em nenhum lugar mais claramente que na teoria, que é a metafísica da música instrumental.

Schleiermacher, de quem o termo "religião da arte" parece ter surgido, diferencia em 1799, no discurso *Sobre a religião*, três caminhos que permanecem abertos para se alcançar o infinito a partir do finito: a imersão em si mesmo, a apreciação esquecida de si de uma parte do mundo e finalmente a devota contemplação das obras de arte. A intuição do infinito por meio da contemplação estética, reconhece Schleiermacher, estaria para ele mesmo negada:

> Eu gostaria, se não fosse sacrílego desejar para além de si, de poder intuir tão claramente como o sentido artístico por si só se transforma em religião; como, apesar da paz na qual o ânimo é mergulhado através de cada gozo singular, ele [o ânimo] sente-se, no entanto, impelido a fazer as progressões que lhe podem conduzir ao universo. Por que os que podem ter percorrido esse caminho são de natureza tão silenciosa? Eu não o conheço, essa é minha limitação mais grave, é a lacuna que sinto profundamente em minha essência, mas com a qual lido com precaução. Porém, resigno-me em não ver — eu creio; sua possibilidade permanece clara diante dos meus olhos, só que ela deve permanecer um mistério para mim.[1]

Para Schleiermacher, todavia, parece que nenhuma das religiões históricas teria tido sua origem a partir da intuição artística: "Nunca ouvi falar de uma religião da arte que tivesse dominado povos e épocas".[2] Porém, ele está convencido da possibilidade de uma religião da arte; e cunhou o termo por uma questão da qual ele mesmo só percebeu um contorno abstrato, mas que simultaneamente, em 1799, nas *Fantasias sobre a arte* de Wackenroder e Tieck, recebeu a forma concreta de uma experiência viva, uma experiência que Schleiermacher pressentiu, apesar de ter sentido em si mesmo a falta dela.

O dogma da religião da arte foi formulado de maneira mais marcante por Tieck: "Pois a arte sonora é sabidamente o último mistério da fé, a mística, a religião inteiramente revelada. Muitas vezes para mim é como se ela

---

1 Friedrich Schleiermacher, *Reden über die Religion*, 1958, pp. 92-3.
2 Ibid., p. 93.

ainda estivesse em formação, e como se seus mestres não pudessem ser comparados com nenhum outro."[3] A citação é extraída do ensaio *Symphonien* [Sinfonias], cuja tese é a sustentação da primazia da música instrumental ante a música vocal, de maneira que a "arte sonora", que se eleva à religião, deveria significar primeiro a sinfonia. E a sentença de que a arte sonora estaria "ainda em formação" pode ser concebida como pressentimento de que a metafísica de Tieck da música instrumental, que originalmente fora cunhada a partir da obra de Johann Friedrich Reichardt, encontrou seu objeto adequado somente em E. T. A. Hoffmann, quem tomou emprestado de Tieck a linguagem para poder fazer jus ao acontecimento que foi Beethoven.

A religião da arte de Tieck é expressão do anseio de fechar-se para o mundo e retirar-se para uma contemplação cujo caráter estético não por acaso se transforma em religioso: "Sempre ansiei por essa redenção e, por isso, retiro-me com gosto para a terra serena da fé, para o verdadeiro âmbito da arte".[4] A frase é quase uma citação de Wackenroder: "Ó, assim fecho meus olhos diante de todo o conflito do mundo e retiro-me serenamente para a terra da música, como para a terra da fé".[5] E foi para Wackenroder que a religião da arte — à qual Schleiermacher forneceu o nome, e Tieck, o dogma — foi uma experiência original. Ele cumpriu a exigência designada por ele para os "escolhidos para a ordenação sacerdotal" da arte: de estar "em condições" tais que eles "de coração sincero ajoelham-se diante da arte e rendem-lhe a homenagem de um amor eterno e ilimitado".[6] No entanto, a origem da religião da arte de Wackenroder, ao menos parcialmente, parece estar na região do pietismo

---

3 Wilhelm Heinrich Wackenroder, *Werke und Briefe*, 1967, p. 251.
4 Ibid., p. 250.
5 Ibid., p. 204.
6 Ibid., p. 211.

e da *Empfindsamkeit*, que tivera importante significado para a pré-história do romantismo como um todo. Não é difícil reconhecer a linguagem do "Jesusminne" pietista na segunda estrofe do hino com o qual Joseph Berglinger, protagonista da obra de Wackenroder, louva santa Cecília, a padroeira da música:

> *Teus sons maravilhosos,*
> *Aos quais encantado eu me entrego,*
> *Arrebataram meu ânimo.*
> *Libero-me da angústia dos sentidos,*
> *Deixo-me desfazer no canto,*
> *Que tanto deleita o meu coração.*[7]

Contudo, a partir da herança religiosa — das quase maníacas variações características do pietismo entre confiança e dúvida da fé — é possível esclarecer a alternância entre entusiasmo e depressão, que parece ameaçar a religião da arte de Wackenroder e Tieck. Na sexta parte de *Fantasias sobre a arte*, na filologicamente controvertida *Brief Joseph Berglingers* [Carta de Joseph Berglinger], a elevação à devoção estético-religiosa converte-se repentinamente em receio de que a religião da arte não fosse nada senão uma superstição:

> Do mais fundo de minha alma surge o clamor: trata-se de uma aspiração tão divina do ser humano, criar o que não é tomado por nenhum propósito ou uso vulgar, — que, independente do mundo, resplandece eternamente no brilho próprio —; criar o que não é movido por nenhuma roda do grande trem de engrenagens, e também não move nenhuma delas. Nenhuma chama do peito humano sobe mais alto e mais diretamente ao céu do que a arte.[8]

---

7 Ibid., p. 120.
8 Ibid., p. 229.

> A arte é uma superstição ilusória e enganadora; nós acreditamos ter diante de nós nela a própria humanidade derradeira e mais interior, e, no entanto, em troca ela nos oferece somente uma bela obra do ser humano, na qual todos os pensamentos e sensações egoístas e autossuficientes são depositados, que no mundo ativo permanecem infrutíferos e inefetivos.[9]

(Acreditava-se que a observação de Tieck — "entre os textos de Berglinger são meus os quatro últimos" — reivindicasse[10] para si a *Carta de Joseph Berglinger* (a quarta última parte); Richard Alewyn,[11] entretanto, argumentava que o poema alegórico *Der Traum* [O sonho], com o qual se encerram as *Fantasias sobre a arte*, deveria também ser incluído, de maneira que a *Carta* fosse atribuída a Wackenroder.)

Se, em *Fantasias sobre a arte*, é a música em geral, mas particularmente a sinfonia, o que Wackenroder e Tieck aproximam da devoção religiosa, então o entusiasmo de E. T. A. Hoffmann aparece estranhamente dividido: tanto a polifonia vocal de Palestrina como a sinfonia de Beethoven devem valer como a expressão musical mais elevada da "era moderna, cristã e romântica". A arte religiosa e a religião da arte entram, por assim dizer, em concorrência histórico-filosófica uma com a outra.

No texto *Alte und neue Kirchenmusik* [Música sacra antiga e moderna],[12] que Hoffmann publicou em 1814 no *Allgemeine musikalische Zeitung* [Jornal musical geral] de Leipzig, quatro anos após a resenha da *Quinta sinfonia* de Beethoven, a "arte sonora sagrada", cujo tempo histórico foi a época

---

9   Ibid., p. 230.
10 Ibid., p. 136.
11 Richard Alewyn, "Wackenroders Anteil", em *Germanic Review*, vol. XIX, 1944, pp. 48-58.
12 E. T. A. Hoffmann, *Schriften zur Musik*, 1963, pp. 229-30.

entre Palestrina e Händel, aparece como um passado irrepetível. A veneração por Palestrina, por mais nostálgica que seja, não implica na exigência de se copiar seu estilo, como procuraram fazer no século XIX Eduard Grell e Michael Haller, mas antes está ligada à visão da impossibilidade de uma restauração "de dentro para fora": a "arte sonora sagrada" é um monumento da recordação, e uma restituição em um presente que não é mais substancialmente cristão seria uma tentativa inglória. "É, com efeito, fundamentalmente impossível que um compositor agora pudesse escrever como Palestrina, Leo, e também, mais tardiamente, como Händel, entre outros. Aquela época, quando principalmente o cristianismo ainda brilhava em plena glória, parece ter para sempre desaparecido da Terra, e com ela, aquela ordenação sagrada de artistas. Um músico compõe tão escassamente um *miserere*, como os de Allegri ou Leo, quanto um pintor pinta uma *Madonna*, como o fizeram Rafael, Dürer ou Holbein." No entanto, entre a pintura e a música, Hoffmann reconhece a diferença profunda de que — expresso de maneira incisiva — a decadência espiritual traz consigo uma decadência técnica na pintura, enquanto na música a atrofia da substância cristã não impede o fato de que "na habilidade técnica os músicos mais novos evidentemente superam em muito os antigos". "Todavia, ambas as artes, pintura e música, oferecem visões diferentes a respeito de seu progredir e avançar no tempo. Quem poderia duvidar de que os grandes pintores daquela época antiga na Itália teriam levado a arte ao seu grau mais elevado? A força e a graça mais elevadas estavam em suas obras, e mesmo na habilidade técnica eles superaram os novos mestres, que em todos os sentidos aspiram em vão a alcançá-los [...]. Mas com a música é diferente." A dialética de que a música ganharia enquanto "arte" ou "técnica" o que perderia em "espírito" e "interesse substancial", uma dialética que reaparece na estética de Hegel, não é, no entanto, a última palavra de Hoffmann sobre a música da época moderna. A diferenciação da técnica composicional foi reconhecida anteriormente por Hoffmann como o vestígio que um "progredir" do "espírito imperante" deixou para trás. (Hoffmann suplantou Hegel, para quem faltava a experiência imediata, através da visão de que na arte o espírito se prende ao detalhe técnico; ele não podia pensar em um progresso da técnica sem um desenvolvimento do espírito.) Mas a arte na qual o tempo, por volta de 1800, chega à consciência de si mesmo é primeiro a música instrumental, a sinfonia. Ela, e não mais a música vocal, é a linguagem em que se pôde imediatamente falar — sem o olhar nostálgico — das "maravilhas do reino distante".

> Mas com a música é diferente. A frivolidade do ser humano não pôde deter o espírito imperante que avança no escuro, e somente quem é profundamente perspicaz — quem desviou seu olhar da imagem sem sentido na qual se movem os seres humanos que se dispensam de tudo que é sagrado e verdadeiro — percebeu os raios que, ao declarar a existência do espírito, romperam as trevas; e nelas crê. Reconhecer o aspirar maravilhoso, aquele imperar do espírito vivificador da natureza, o nosso ser nele, nossa pátria supraterrânea, que na ciência se revela, é algo que foi sugerido pelos sons cheios de pressentimento da música, que falou de modo mais variado e mais perfeitamente das maravilhas do reino distante. Já se sabe que a música instrumental em tempos mais recentes se alçou a uma elevação que os mestres antigos não pressentiram, assim como na habilidade técnica os músicos mais novos evidentemente superam em muito os antigos.[13]

13 Ibid.

Poder-se-ia dar a entender que o "espírito natural" que se revela na sinfonia deveria se distinguir drasticamente do espírito do cristianismo que a polifonia vocal expressa. No entanto, o "espírito natural" também é uma categoria religiosa, e não simplesmente contos de fadas. E por menor que possa parecer o peso teológico do "pressentimento do infinito", que Hoffmann ouviu por detrás da música instrumental, o significado de sua intuição foi profundo na história das ideias. A sugestão de Hoffmann de que um compositor não deveria de modo algum desprezar a riqueza moderna da música instrumental na música sacra apoiou-se na representação de que se trataria do "espírito progressivo do mundo", que se revelaria na música instrumental "da época mais recente, a qual almeja a espiritualização interior". "Porém, sabe-se que para os compositores hodiernos uma música dificilmente brotará no interior de outro modo senão no ornamento oferecido a ele pela abundância da riqueza atual. O brilho dos instrumentos variados, alguns dos quais ressoando tão magnificamente na abóbada alta, reluz em toda parte: e por que se deveriam fechar os olhos a isso, uma vez que foi o próprio espírito progressivo do mundo que lançou esse brilho na arte misteriosa da época mais recente, a qual almeja a espiritualização interior?"[14] A "arte sonora sagrada" de Palestrina não é a única forma musical de expressão da consciência religiosa. Antes, trata-se do mesmo espírito da época moderna, que se manifesta na polifonia vocal enquanto espírito cristão e na sinfonia enquanto espírito romântico. No conceito de "época moderna, cristã e romântica", uma vez que o "espírito do mundo" é um espírito "progressivo", a ênfase do momento cristão deslocou-se para o romântico. Se a "glória do cristianismo" "desapareceu da Terra" para sempre, e, com ela, "toda aquela ordenação

14 Ibid., p. 232.

sagrada do artista", então somente "Beethoven é um compositor puramente romântico (e, justamente por isso, um compositor verdadeiramente musical)".[15]

A perda da substância cristã não foi para Hoffmann, como parece, o mesmo que a decadência da consciência religiosa em geral. A "arte sonora sagrada" de Palestrina e a música instrumental de Beethoven — que fala das "maravilhas do reino distante" — aparecem muito mais como formas musicais de expressão de diferentes graus de desenvolvimento de um espírito moderno que Hoffmann, de modo similar a Hegel, primeiro concebeu em categorias filosófico-religiosas. A "glória do cristianismo" foi substituída pelo vago "pressentimento do infinito". No entanto, Hoffmann poderia ser mal interpretado se se rebaixasse a forma romântica de expressão do religioso a um modo deficiente do cristão ou se não se permitisse a ela de maneira alguma valer como forma [Gestalt] da consciência religiosa. As sinfonias de Beethoven são também, para frisar, música "religiosa", pois representam os graus de desenvolvimento pelos quais, por meio do "espírito progressivo do mundo", um cristianismo bem definido é transformado em mero pressentimento das "maravilhas do reino distante", que, entretanto, não expõem um fragmento estéril de religião, mas sim a religião de uma época, "a qual almeja a espiritualização interior". (Uma "nova música sacra" pode surgir, segundo Hoffmann, se os compositores se apropriarem do espírito da música instrumental moderna, que é um espírito religioso, para compor obras para uma igreja, onde a forma cristã é transformada no símbolo de uma religião, cuja substância está além da forma, no inominável.) "Sempre adiante, o

---

15 Ibid., p. 36. ["Resenha sobre a quinta sinfonia de Beethoven", em *O melófobo e a quinta sinfonia de Beethoven*, trad. Mário Rodrigues Videira Jr. e Márcio Suzuki, 2016, p. 23.]

espírito imperante do mundo progride mais e mais; as formas [*Gestalten*] desaparecidas jamais retornarão, tal como se moviam no desejo do corpóreo: mas o verdadeiro é eterno e imperecível, e uma maravilhosa comunidade de espíritos enlaça com sua fita misteriosa o passado, o presente e o futuro."[16]

O modelo hermenêutico pelo qual Hoffmann se orientou como esteta da música, o encadeamento de dicotomias como "antigo/moderno", "pagão/cristão", "clássico/romântico" e "plástico/musical", enraizou-se na história da música, como foi apontado, no debate acerca da *prima* e da *seconda prattica*, e na história das ideias na *querelle des anciens et des modernes*. No início do século XIX, o sistema de categorias foi interpretado, em Hoffmann assim como em Hegel, primeiro histórico-religiosamente ou filosófico-religiosamente. Os gêneros artísticos opostos ao extremo entre si, a escultura antiga enquanto ideal do "plástico" e a sinfonia moderna enquanto ideal do "musical" aparecem como marcas de formas contrastantes da consciência religiosa. A estátua grega do deus não é uma mera imagem dele, mas atesta sua presença imediata; a religião manifesta-se como arte, e a arte, como religião. (O termo "religião da arte" na *Phänomenologie des Geistes* [Fenomenologia do espírito] de Hegel, de 1805, aponta para a fusão "clássico-antiga" da forma [*Gestalt*] estética com a significação religiosa e para a presença de uma na outra; um termo que, em Hegel, diferentemente de Schleiermacher, não permite, quando tomado estritamente, uma transferência para a arte de uma época cristã — ou uma época ainda marcada na secularização pelo cristianismo.)

No cristianismo, a "Ideia" — que determina o curso do desenvolvimento da arte —, cuja substância é a representação do deus de uma época, afasta-se da "exterioridade" do

---

16 Ibid., p. 235.

aparecer espacial-plástico em direção à "interioridade" da consciência de si que resiste no tempo — do "sentimento". Porém, a arte da "interioridade" — portanto, da "época moderna, cristã e romântica" — é, no sistema e na filosofia da história de Hegel, a música.

Parece coerente encontrar o processo religioso do afastamento para o interior refletido no desenvolvimento musical de uma separação do texto e de afetos bem delineados; portanto, parece coerente apostrofar, como fez E. T. A. Hoffmann, a música instrumental "absoluta" como a "arte misteriosa da época mais recente, a qual almeja a espiritualização interior".[17] No entanto, a dialética da "interioridade ressoante"[18] de Hegel, em cujo contexto ele interpretou a música instrumental moderna, é mais complexa. A simples fórmula de que a música "absoluta", justamente por sua separação e liberação da palavra, se elevaria ao "pressentimento do infinito" e do "absoluto", de que seria uma "linguagem acima da linguagem", deve ter parecido para Hegel — que se aferrava à tradição de que o espírito seria a "palavra" e que, por isso, deixou a história filosófica da arte concluir-se na poesia e a odisseia do espírito do mundo, na filosofia — profundamente estranha e suspeita de ser um entusiasmo excessivo. Por outro lado, no entanto, exprimiu-se na metafísica romântica da música instrumental uma tendência que foi abarcada também pelo

---

17 Ibid., p. 232.
18 O original em alemão, *"tönende Innerlichkeit"*, indica mais precisamente uma "interioridade a soar". No entanto, por deferência e precedência, optou-se por acompanhar a tradução do eminente filósofo e tradutor português Artur Ferreira Pires Morão. A expressão "dialética da interioridade ressoante", já consagrada em debates em língua portuguesa, corresponde justamente ao título de um dos capítulos do livro *Musikästhetik* [Estética musical] de Dahlhaus, de 1967, ainda inédito no Brasil, mas cuja edição portuguesa é amplamente utilizada. [N. T.]

sistema estético e pela linha do pensamento de Hegel e que não se deixou reprimir.

> Pois o espírito é a subjetividade infinita da Ideia que, enquanto interioridade absoluta, não se pode configurar livremente para si quando necessita permanecer fundida ao corpóreo como sua existência [*Dasein*] adequada. A partir deste princípio, a Forma de arte romântica supera aquela unidade indivisa da Forma de arte clássica, porque adquiriu um conteúdo que transcende essa Forma e seu modo de expressão. Esse conteúdo — para lembrar representações já conhecidas — coincide com o que o cristianismo afirma acerca de Deus como espírito, à diferença da crença nos deuses dos gregos que constitui o conteúdo essencial e o mais adequado para a arte clássica.[19]

Enquanto "subjetividade infinita" e "interioridade absoluta", o espírito impele a arte de uma época "plástica" para além da "objetividade" e da "finitude", experienciadas como limitação, das antigas estátuas de deuses. No entanto, o movimento do separar-se, no qual a "interioridade"

---

19 Georg Wilhelm Friedrich Hegel, *Ästhetik*, vol. I, 1965, pp. 85-6. [*Cursos de estética*, trad. Marco Aurélio Werle e Oliver Tolle, Edusp, 2014, vol. I, p. 94.] Na edição brasileira optou-se por traduzir *Form* por Forma (com a inicial maiúscula), de modo a diferenciar este termo no contexto hegeliano de *Gestalt*, traduzido por forma (com a inicial minúscula). O mesmo ocorre com *Gehalt* (Conteúdo) e *Inhalt* (conteúdo). "A diferença básica entre *Form* e *Gestalt* reside no fato de que *Gestalt* é necessariamente uma forma efetiva, determinada, ao passo que a *Form* possui um cunho mais geral, universal e indeterminado. [...] Em termos gerais, *Gehalt* designa um conteúdo em sentido mais amplo, um conteúdo impulsionado pelo estado do mundo sobre os indivíduos ou um conteúdo que a subjetividade do artista traz mediado consigo. Já *Inhalt* é o conteúdo geralmente tematizado no horizonte da relação forma [*Form*] e conteúdo [*Inhalt*] e pode designar qualquer conteúdo, no sentido de um conteúdo individual e particular" (p. 12 do vol. I da ed. brasileira). [N. T.]

encontra a si mesma, resulta, na filosofia da música de Hegel, em uma relação precária e ambígua com a estabilidade e a substancialidade do "conteúdo" conquistado pela arte através do cristianismo. Com efeito, Hegel reconhece na música a possibilidade de ela, em vez de compreender enquanto música vocal o "conteúdo" segundo uma significação determinada, expressar enquanto música instrumental somente uma "disposição" indeterminada, que o conteúdo suscita ou provoca. "Mas a interioridade pode ser de natureza dupla. Tomar um objeto em sua interioridade pode significar, por um lado, apreendê-lo não em sua realidade exterior do fenômeno, e sim segundo o seu significado ideal; por outro lado, porém, pode significar expressar um conteúdo como ele está vivo na subjetividade do *sentimento*."[20] Mas se a música se retrai, por fim, inteiramente em si mesma — e a tendência a isso é para ela como que inata — a partir da exposição de um "conteúdo", então ela resulta vazia e abstrata. "Particularmente em época mais recente, a música, rompendo com um Conteúdo [*Gehalt*] por si mesmo já claro, retornou assim ao seu próprio elemento, mas para isso perdeu também tanto mais poder sobre todo o interior na medida em que o prazer que ela pode oferecer apenas se volta para um lado da arte, para o mero interesse, a saber, no que é puramente musical da composição e de sua habilidade, um lado que é apenas questão para especialistas e importa menos ao interesse artístico universalmente humano."[21] "Mas a música permanece vazia, sem significado e, já que lhe falta o lado principal de toda a arte, o conteúdo e a expressão espiritual, ela ainda não pode ser considerada propriamente arte."[22] No entanto, uma música que tende

---

20 Ibid., p. 304 (p. 320 do vol. III da ed. brasileira).
21 Ibid., p. 269 (pp. 286-7 do vol. III da ed. brasileira).
22 Ibid., p. 271 (p. 289 do vol. III da ed. brasileira).

à abstração — portanto, a "arte sonora pura e absoluta" — é para Hegel, justamente, quase em nada diferente do que é para Hoffmann e, mais tarde, para Hanslick, a música "verdadeira". "Para a expressão musical, por isso, é unicamente apropriado o interior totalmente sem objeto, a subjetividade abstrata enquanto tal. Ela é o nosso eu inteiramente vazio, o 'si mesmo' sem conteúdo mais amplo."[23] O que a música perde enquanto "arte", que concerne ao "interesse artístico universalmente humano", ela ganha enquanto música, enquanto expressão do "si mesmo sem conteúdo mais amplo". Na medida em que a música chega a si mesma, ela se afasta do "conteúdo", no qual Hegel vê fundamentada sua "função cultural".

> O músico [...] certamente também não abstrai de todo e qualquer conteúdo, mas encontra-o em um texto que põe em música ou reveste, de modo mais independente, qualquer disposição na Forma de um tema musical que então configura a seguir; mas a região mais própria de suas composições permanece a interioridade mais formal, o puro ressoar e, em vez de um figurar para o exterior, seu aprofundamento no conteúdo torna-se muito mais um recuo para dentro da própria liberdade do interior, uma entrega de si em si mesmo e em alguns âmbitos da música, inclusive uma certificação de que ele, como artista, é livre do conteúdo.[24]

A lei do movimento da música, depreendida da frase "a dialética do 'aprofundamento' e do 'recuo'", parece conduzir inexoravelmente em direção à abstração que se completa na "arte sonora pura e absoluta".

O recuo da música para a "interioridade" é, portanto, de um lado uma separação e uma liberação, na qual ela

---

23 Ibid., p. 261 (pp. 279-80 do vol. III da ed. brasileira).
24 Ibid., p. 266 (pp. 283-4 do vol. III da ed. brasileira).

encontra a si mesma, e, de outro, um esvaziamento e uma formalização, uma perda da substância. E o fato de que justamente a abstração progressiva de um "Conteúdo [*Gehalt*] por si mesmo já claro" — uma abstração que está prefigurada na música absoluta, por assim dizer, como rota de fuga histórica — devesse ser entendida como a forma sonora de expressão de uma experiência essencialmente religiosa seria uma interpretação nutrida da herança da mística e profundamente estranha a Hegel, o filósofo do "concreto". Não se pode, no entanto, negar que o "recuo para dentro da própria liberdade do interior", apesar de ao cabo poder conduzir ao vazio, é a tendência em que a ideia de música absoluta convergiu com o espírito do cristianismo tal como Hegel o entendeu. O fato de que a sinfonia fosse o emblema de uma religião da arte da época cristã era um pensamento que — apesar da circunscrição de Hegel do conceito de religião da arte à escultura clássico-antiga e apesar de sua desconfiança protestante face à representação de uma linguagem acima da linguagem — estava escondido na *Estética* de Hegel sem aflorar à superfície.

Na *Estética* de Hegel, cuja substância é uma filosofia da história, as formas de arte, desde a arquitetura até a música e a poesia, agrupam-se em torno de um centro elevado, um *point de la perfection*. A arte "clássica", cujo paradigma constitui a antiga estátua de deuses, diferencia-se, de um lado, da arte "simbólica", na qual a unidade de Ideia e fenômeno ainda não é alcançada, e, de outro, da arte "romântica", na qual a unidade novamente se desintegra, pois o espírito impele para além do fenômeno estético, em vez de se fundir com ele.

Contrário a Hegel e ao mesmo tempo dele dependente, Christian Hermann Weisse — cujo *System der Ästhetik* [Sistema da estética] apareceu em 1830, portanto entre a "publicação" da *Estética* hegeliana como ciclo de cursos e sua versão impressa — construiu um esquema triádico fundamentado na ideia de um progresso até o presente em vez do pensamento de um centro proeminente que pertence ao passado. Se em Hegel a arte "romântica" estava de fato acima da "clássica" enquanto grau de desenvolvimento do espírito, mas abaixo dela enquanto fenômeno estético, para Weisse a arte mais evoluída espiritualmente é ao mesmo tempo a mais completa esteticamente. No entanto, isso quer dizer nada menos que é na arte que a odisseia do espírito do mundo se completa (e não, como em Hegel, na religião e na filosofia, para as quais o espírito se dirige quando deixa a arte para trás).

Weisse decompôs o conceito cunhado por August Wilhelm Schlegel, E. T. A Hoffmann e Hegel de "época moderna, cristã e romântica" em momentos parciais; e, de um primeiro grau, do "ideal clássico", e um segundo, do "ideal romântico", ele destacou um terceiro, do "ideal moderno". A filosofia da história das formas artísticas é, entretanto, como em E. T. A. Hoffmann e Hegel, fundada na filosofia da religião: a arte clássica foi cunhada segundo Weisse a partir do mito; a romântica, a partir do cristianismo; e a moderna — um "serviço religioso da pura beleza" —, a partir da consciência religiosa, para a qual a religião é arte, e a arte, religião. E a forma de arte na qual o "ideal moderno" se manifesta de maneira mais pura é a música instrumental "absoluta". "A música instrumental é por isso a existência [*Dasein*] pura e imediata do ideal absoluto ou moderno, livre de toda figuração [*Gestaltung*] particular — como ela também historicamente pertence inteiramente a esse ideal, e, apesar de ser a primeira para o conceito, pois é a mais abstrata, é com efeito, segundo o surgimento histórico, a mais jovem de todas as artes."[25] A música instrumental é "livre" e "absoluta" pois se separou de significados que aderem

---

25 Christian Hermann Weisse, *System der Ästhetik als Wissenschaft von der Idee der Schönheit*. Reedição: vol. II, 1966, pp. 49-50.

à música por conta de sua origem no "som natural" ou na linguagem. "Aquele significado que o som possui também fora da música, na natureza ou no mundo do espírito humano — este último nomeadamente como voz humana e como linguagem —, permanece nessa arte ou excluído ou, quando é incorporado, apenas através da mediação da ideia, que, como essencialidade pura e distanciada de toda forma finita, revela-se no soar, na medida em que são sons e não meras sonoridades."[26] Weisse formula filosoficamente o que E. T. A. Hoffmann expressou poeticamente: que os afetos, embora em si estranhos à "música pura", assim que nela penetram através do canto, são "revestidos do brilho purpúreo do romantismo".[27]

O "som" no qual, segundo Weisse, a "ideia" se manifesta é o som instrumental "artístico", em contraste com a "sonoridade natural" da voz; e é a "artesania" [*Künstlichkeit*] que torna o material musical "capaz de espírito", para falar como Hanlick. "Os sons, que através do ritmo e da harmonia se unem à melodia e à obra de arte musical, não são imediatamente sonoridades naturais, mas serão produzidos pela arte mecânica; não somente para submetê-los exteriormente por completo ao arbítrio do espírito que governa e aspira, mas também para purificá-los de toda significação particular e finita, que, como um conteúdo estranho, perturbaria e turvaria o conteúdo absolutamente espiritual que neles deve ser instituído."[28] Contudo, o "conceito puro da arte"[29] que a música instrumental realiza é, segundo Weisse, uma forma da consciência religiosa; se de fato a teoria de Weisse da música instrumental antecipa

---

26 Ibid., p. 51.
27 E. T. A. Hoffmann, *Schriften zur Musik*, 1963, p. 35.
28 Christian Hermann Weisse, *System der Ästhetik als Wissenschaft von der Idee der Schönheit*. Reedição: vol. II, 1966, p. 49.
29 Ibid., p. 55.

o formalismo de Hanlick, o mesmo ocorre no espírito da filosofia do absoluto hegeliana.

> A vitalidade do espírito, que oferece a si mesmo sua forma peculiar na música instrumental, diferenciada de toda particularidade escondida atrás do reino da beleza, exterioriza-se nessa arte como um ondular ou flutuar constante entre os dois polos opostos da tristeza e da alegria, ou do lamento e do júbilo, e ambas as sensações e ambos os estados aparecem aqui em sua pureza como atributo do espírito absoluto ou divino (caso se queira já aqui utilizar essa expressão), sem referência imediata ao que essa arte, de outra maneira, desperta, varia e acompanha no espírito finito dos seres humanos. Como a mudança desses estados deveria ser pensada também em uma essência perfeita e possuidora de uma eternidade no presente (o que decerto sempre dará ímpeto a uma tal filosofia que, desde o vazio de sua abstração, nunca chega ao conceito de uma divindade viva), é justamente o que aquela arte nos ensina mais imediatamente e mais claramente do que o faria uma outra arte ou ciência.[30]

Se Schopenhauer falava, em 1819, de sentimentos in abstracto expressados através da música, Weisse eleva as sensações sem objeto e separadas das condições terrenas a "atributos do espírito absoluto e divino": a metafísica da música instrumental enraíza-se, como em Wackenroder, em uma estética do sentimento como que "sacralizada". (O assombro de Weisse diante do fato de que o "mecânico" dos instrumentos artísticos basta para produzir a "maravilha da arte sonora" também lembra Wackenroder.) Mas as "sensações e os estados" que se expressam na música absoluta foram arrebatados de afetos terrenos. "Todas as visões habituais sobre a música que permanecem por detrás

---

30 Ibid., p. 57.

do conceito de uma arte puramente ideal, de que ela seria, em primeiro lugar, expressão da sensação e da paixão (e assim por diante) subjetivas, aplicam-se a essa música evidentemente apenas de maneira forçada, já que neste caso desaparece também aquele brilho de uma causalidade imediata do subjetivo, que no canto pôde dar origem a essa opinião."[31] A música "absoluta", na qual o "absoluto" se manifesta, está tão separada dos afetos, que uma estética mais antiga procurou justificar como sua "linguagem", quanto de textos e funções. No entanto, o "absoluto" que ela expressa é, na "época moderna", uma ideia religiosa que se revela como arte. O que Hegel dizia da antiga estátua de deuses — que a Ideia em sua forma estética não seria somente "simbolizada", mas estaria imediatamente presente — Weisse transmitiu à música instrumental moderna. Nela, completa-se a história mundial da arte; no fim histórico, sobressai a origem ontológica. Se Hegel sentiu a abstração do "conteúdo" como esvaziamento da música, para Weisse, na abstração mostra-se a verdade da arte. Weisse, uma figura marginal da história da filosofia, é o verdadeiro apóstolo de uma religião da arte que circunda a ideia de uma arte "pura".

---

31 Ibid., p. 53.

Lógica musical e caráter linguístico

Uma tentativa de esclarecer a ideia da autonomia estética de maneira exclusivamente sócio-histórica, como signo de um afastamento da fealdade e da frieza de um mundo industrial ainda incipiente, resultaria simplesmente em uma hipótese histórico-musical, pois o pensamento sobre a autonomia (por mais urgentes que possam ser os motivos sociopsicológicos) sem a existência de um objeto adequado — e isso significaria uma música instrumental de categoria reconhecida, uma vez que a música vocal é uma música "conjugada" —, teria permanecido como uma teia conceitual que cria raízes aéreas. O impulso precisava de um objeto ao qual ele pudesse se agarrar.

No entanto, isso não quer dizer de maneira alguma que a música instrumental do final do século XVIII teria originalmente sido concebida como música absoluta no sentido da metafísica romântica. As sinfonias de Carl Stamitz e Haydn surgiram, pelo contrário, no contexto de uma prática de concertos que a princípio não apontava para a autonomia estética e para a elevação metafísica, mas sim para a cultura social do sentimento: uma cultura do sentimento que se relacionava estreitamente com os empenhos literários e pedagógicos da burguesia em entender a si mesma e seus recursos humanitário-morais. Haydn queria, como relata Georg August Griesinger, expor "caracteres morais" em suas sinfonias; e a estética da apresentação [*Darstellungsästhetik*] era para ser ao mesmo tempo estética do efeito [*Wirkungsästhetik*]: grosso modo, a música (também a música instrumental) estava lá para se fazer útil como meio de formação. (Hermann Kretzschmar partiu ainda da ideia de formação da primeira burguesia quando procurou, por volta de 1900, restituir a estética do afeto e do caráter oriunda do século XVIII sob o título de "hermenêutica musical": sua polêmica contra a ideia de música absoluta foi motivada pedagogicamente.

A interpretação da música instrumental no espírito do pensamento estético sobre autonomia é, portanto, uma reinterpretação. Porém, para não permanecer inconsistente e, por isso, historicamente sem efeito, a mudança de interpretação que ocorreu na estética musical romântica deveu ligar-se aos atributos reais e essenciais da coisa mesma. E é possível resumir os momentos composicional-técnico-estéticos que tornaram possível a "autonomização" da música instrumental no conceito da "lógica musical" — um conceito que está estreitamente ligado à representação do "caráter linguístico" da música. O fato de a música se apresentar como discurso sonoro, como desenvolvimento do pensamento musical, é a justificativa composicional de sua exigência estética, de que ela estaria ali para ser escutada por si só: uma exigência que no final do século XVIII era nada menos que autoevidente.

Johann Gottfried Herder, já em 1769, no *Vierten kritischen Wäldchen* [Quarto bosque crítico], falava da "lógica" na música com declarado desapreço. O exegeta filosófico da música, tal como Herder o imaginava, mergulha primeiro voluntariamente nos sons individuais, que ele percebe e entende como os sons da sensação [*Empfindungslaute*]. "Somente momentos inteiramente simples e efetivos da música — acentos sonoros individuais da paixão — são o que primeiro se sente e se obtém." O "campo principal de suas observações" é então a melodia; [o exegeta filosófico da música] combina os sons "através do vínculo sequencial de seu agrado sobre o ouvido, de sua ação sobre a alma: isso se torna a melodia". Em oposição, a "lógica" musical que reside no encadeamento de acordes foi rejeitada por Herder — que no debate acerca da primazia da melodia ou da harmonia tomou partido de Rousseau e ficou contra Rameau — como o momento meramente secundário (ainda que, sem a harmonia, o "vínculo sequencial" seja parcamente apreensível na melodia). "A doutrina da harmonia enquanto tal, como os modernos utilizam-se da expressão, é para sua estética" — dos estetas musicais — "apenas aquilo que a lógica é entre os poetas; qual tolo iria querer buscar nela o propósito principal?"[1]

Não foi através de Herder — que, como parece, foi o primeiro a se utilizar do termo —, mas sim de Johann Nikolaus Forkel que, duas décadas mais tarde, o conceito de lógica musical alcançou a dignidade estético-musical.

> A linguagem é a roupagem do pensamento assim como a melodia é a roupagem da harmonia. Segundo essa consideração, pode-se chamar a harmonia de uma lógica da música, pois ela está ante a melodia aproximadamente na mesma relação que, na linguagem, a lógica está ante a expressão, a saber: ela disciplina e determina uma sentença melódica de maneira que esta apareça para a sensação como uma verdade efetiva [...]. No entanto, assim como pensamentos foram expressos por muito tempo antes mesmo que uma lógica, ou uma arte de se pensar corretamente, existisse com esse nome, as melodias também existiram antes de se conhecer pelo nome o que mais tarde se chamou de harmonia.[2]

O fenômeno sobre o qual se apoiou Forkel foi o simples fato de que o caráter expressivo de um intervalo melódico, como o da sexta menor entre ré e si bemol, depende parcialmente do contexto harmônico-tonal, ou seja, depende de saber se se trata da quinta e da terça de sol bemol

---

1 Johann Gottfried Herder, *Werke*, vol. XX, 1879, p. 482.
2 Johann Nikolaus Forkel, *Allgemeine Geschichte der Musik*, 1788. Reedição: vol. I, 1967, p. 24.

menor ou da terça e da fundamental de si bemol maior. Forkel, no entanto, pressupõe a antiga teoria linguística, que via na linguagem um simples meio para a formulação e o "revestimento" de conteúdos [*Gehalte*] do pensamento e do sentimento existentes por si. Melodias são, segundo Forkel, formas sonoras de fenômeno — formulações musicais — de sensações que perfazem o conteúdo [*Inhalt*] e o sentido da música. Assim como Herder, Forkel partiu da qualidade estética dos sons individuais enquanto sons da sensação; porém, em oposição a Herder, reconheceu no sistema sonoro harmonicamente regulado a condição para uma expressão musical do sentimento mais determinada, mais rica e mais diferenciada. Ele mediava onde Herder contrastava. E a regulação harmônica das relações sonoras foi denominada por ele "lógica musical" pois, através dela, na música, os signos para as sensações são reunidos em uma relação "verdadeira" — correspondente à natureza da coisa — de modo semelhante a como, na linguagem verbal, são reunidos os signos para as coisas e representações. A harmonia é o "requisito necessário" da "verdade e determinidade" da expressão musical.[3]

O que Ludwig Tieck, que assistira aos cursos de Forkel em Göttingen, diz em 1799 nas *Fantasias sobre a arte* acerca do efeito da música instrumental moderna parece de início um reflexo da tese de Forkel de que na música estaria escondida uma lógica que regularia e penetraria a expressão sonora do sentimento. "Ocorre que aqui se pensa sem aqueles árduos desvios das palavras; aqui o sentimento, a fantasia e faculdade do pensar são um."[4] Contudo, na rapsódia *Die Töne* [Os sons], de Tieck, a relação entre a linguagem do pensamento e a do som aparece sob uma luz diferente: em ambas as linguagens, o indizível, aquilo

---

3 Ibid., p. 26.
4 Wilhelm Heinrich Wackenroder, *Werke und Briefe*, 1967, p. 250.

que não é apreensível nem através de palavras nem de sons, constitui de fato e em última instância o intuito; e talvez sejam mesmo os sons o que — apesar de um resto de insuficiência — chega mais perto do intangível.

> Em geral, o ser humano sente muito orgulho de ser capaz de conceber e desdobrar um sistema em palavras, de poder depositar na linguagem habitual os pensamentos que lhe aparecem como os mais sutis e mais ousados. Contudo, [...] o ser humano maior sente demasiado bem a maneira como seus pensamentos mais interiores ainda são apenas um órgão, como sua razão e suas conclusões ainda são independentes da essência, que ele mesmo é e da qual ele nunca irá se acercar inteiramente em sua vida terrena. Assim, não seria então indiferente se ele pensa através de sons dos instrumentos ou dos assim chamados pensamentos? Em ambos ele pode apenas manejar e tocar, e a música, enquanto linguagem mais obscura e mais sutil, certamente o há de satisfazer mais que os pensamentos.[5]

O indizível sobre o qual Tieck medita não é nem sensação nem pensamento, mas sim algo substancial para além das diferenças impostas a nós através de nosso sistema de categorias. A relação do pensamento com a sensação na qual Forkel estabelecera o conceito da lógica musical — a "verdade e determinidade" da expressão musical do sentimento — dissolve-se, em Tieck, na metafísica.

Dessa forma, se a estética romântica, que reconheceu na música instrumental a "arte sonora pura e absoluta", por um lado era destrutiva, por outro, ela produziu um conceito modificado de lógica musical. "Toda música pura", escreveu Friedrich Schlegel entre 1797 e 1801, "deve ser filosófica

---

5 Ibid., p. 248.

e instrumental (música para o pensar)."[6] Em um dos fragmentos do *Athenäum* de Schlegel consta (a passagem é como um comentário ao apontamento lacônico):

> Para alguns é estranho e ridículo notar os músicos falando de pensamentos em suas composições [...]. Porém, quem possui senso para as afinidades maravilhosas entre todas as artes e ciências ao menos não há de considerar a questão sob o raso ponto de vista da assim chamada naturalidade, segundo a qual a música deve ser somente a linguagem da sensação, e não achará impossível uma certa tendência de toda música instrumental pura para a filosofia em si. Não deve a música instrumental pura criar um texto a partir de si mesma? E o tema [musical] não se torna em si tão desenvolvido, certo, variado e contrastado quanto o objeto da meditação em uma ordem filosófica de ideias?[7]

Se Schlegel arrebatou a música instrumental da esfera da cultura social do sentimento e a elevou a uma abstração cujo sentido se revela na contemplação estética solitária, então ele pôde buscar a "lógica" musical de que uma música autônoma necessitava para sua justificação estética não mais na "harmonia" de Forkel enquanto momento constitutivo da expressão musical do sentimento: em vez da "lógica" harmônica, tratava-se muito mais da "lógica" temática, sobre a qual a partir de então recaiu o foco na teoria da música instrumental — em sua estética legitimadora.

Na realidade musical, a estrutura harmônica era inseparável da estrutura temática: a música instrumental emancipada constituiu-se como discurso sonoro por meio de uma lógica que era determinada ao mesmo tempo e conjunta-

---

6 Friedrich Schlegel, "Charakteristischen und Kritiken I", em *Kritische Friedrich-Schlegel-Ausgabe*, vol. II, 1967, p. 254.
7 Ibid.

mente de maneira temática e harmônica. O conceito moderno de forma, que por volta de 1700 evolui gradativamente nas árias de óperas e cantatas, e sobretudo no concerto instrumental, repousa, por um lado, sobre o princípio da tonalidade harmônica, que — enquanto universal musical — traça um plano básico, e, de outro lado, sobre o princípio do tema, do qual — enquanto particular musical — surge um desenvolvimento. A disposição tonal e o processo temático são os elementos constitutivos de uma forma musical que, como percurso ampliado, diferenciado e, não obstante, sem lacunas e coeso em si, pode se manter esteticamente por si — sem recorrer a um texto ou a uma função. A unidade da forma é o correlato da autonomia da obra.

É assim que o movimento de um concerto de Antonio Vivaldi está baseado na forma ritornelo, que não funciona mais como moldura, mas sim como tema (e que foi caracterizado por Johann Mattheson em 1739 como algo análogo à *propositio* de um discurso jurídico). De um lado, através da transposição do ritornelo para diferentes tonalidades — e por meio de desenvolvimentos modulatórios nos episódios entre os momentos de tonalidade estável do ritornelo — surge uma estrutura formal fundada harmonicamente: uma estrutura que, graças à sua clareza, tornava plausível a comparação (que se tornou lugar-comum) entre a música e a arquitetura. Por outro lado, as partes do tema podem ser dissociadas, modificadas e agrupadas de diferentes maneiras, de modo que começam a se delinear os inícios do procedimento, o que mais tarde, enquanto trabalho temático-motívico, tornou-se o epítome da lógica discursiva e musical em Haydn e Beethoven. Além disso, a diferença entre a exposição temática ou recapitulação e o trabalho motívico mantém-se intimamente coesa com a fundamentação tonal da forma, pois a unidade temática e a tonal aparecem tanto como correlatos quanto como desenvolvimento motívico e modulatório. (Entretanto, não se deve ignorar o fato de que, ao lado da "lógica", em Vivaldi, outros fundamentos mais antigos para a justificação estética da música instrumental — a exibição da virtuosidade e a exposição tonal-pictórica do assunto programático — não eram de menor importância.)

O aforismo de Schlegel foi um lampejo fugaz de antecipação. Somente meio século mais tarde, no tratado *Do belo musical* de Eduard Hanslick, os conceitos de forma e tema se tornaram o centro da estética musical — e não meramente a doutrina da forma —, uma estética que era uma teoria da música absoluta e nada mais. (Os textos são, segundo Hanslick, intercambiáveis, e os programas, irrelevantes.) Hanslick depende, por um lado — na medida em que esclarecia a música instrumental como a música "verdadeira" e que enfatizava o distanciamento de Tieck da música instrumental em relação à expressão do afeto da música vocal em uma polêmica contra a "apodrecida estética do sentimento" —, da metafísica romântica da música instrumental; por outro lado, no entanto, parece que em 1854 (em uma época de desilusão filosófica após a queda do hegelianismo) a substância metafísica da estética do início do século havia sido consumida. A "devoção" ante as "maravilhas da arte sonora" deu lugar a um empirismo deveras seco, que insiste na cientificidade. A essência da música deve, segundo Hanslick, ser buscada no "especificamente musical": não no caráter "poético" que ela tem em comum com as outras artes, mas sim na forma sonora por meio da qual ela se distingue delas.

É preciso, no entanto, resguardar-se de compreender Hanslick de maneira apressada demais. E o que pode parecer um desvio é o acesso mais direto. Hanslick, o escritor de fácil compreensão, deve ser comparado a Hegel, o filósofo de difícil compreensão, se se quiser levar a sério o que Hanslick em geral quis dizer e em que consistia o problema que ele buscou solucionar. "Se se pergunta agora o que deve ser expressado com esse material sonoro, então eis a resposta: ideias musicais. Contudo, uma ideia musical realizada inteiramente já é o belo autônomo; é fim em si mesma e de nenhuma maneira apenas meio e material para a exposição de sentimentos e pensamentos [...]. Formas sonoras em movimento são singularmente o único conteúdo [*Inhalt*] e o único objeto da música."[8] A célebre frase de Hanslick, citada à exaustão, de que a forma da música constituiria seu conteúdo não é uma tese totalmente compreensível por si, mas antes um paradoxo que, somente através da reconstrução da situação polêmica em que foi formulado, pode ser tornado cognoscível. Seria uma simplificação grosseira resolver a culminância dialética na frase trivial de que a música seria forma e nada mais. (O êxito da tese, mensurável pela frequência em que é citada, parece sem dúvida estar no fato de que se pode concebê-la de maneira banal e, ao mesmo tempo, ostentá-la com o que há de paradoxal na formulação.) No contexto histórico por volta de 1850, a doutrina de Hanslick deixou implícito um debate com o hegelianismo — a filosofia dominante dos anos 1830 e 1840 (ainda que muito mais com um hegelianismo que penetrou na linguagem corrente dos intelectuais do que com os textos autênticos de Hegel). O belo foi determinado por Hegel como a "aparência sensível da ideia". ("Aparência" [*Scheinen*] significa "aparecer" [*Erscheinen*] e ao mesmo tempo — na tradição do neoplatonismo — "resplandecer" [*Hervorleuchten*].) Hanslick apropriou-se da diferença entre ideia e aparência para poder definir o belo musical, o objeto de seu tratado; mas, diferentemente de Hegel, não determinou o fenômeno sonoro enquanto aparência e "pensamentos e sentimentos" como ideia ou

8 Eduard Hanslick, *Vom Musikalisch-Schönen*, 1854. Reimp.: 1965, p. 32.

(como também disse Hegel) "conteúdo", mas antes procurou a ideia ou o conteúdo no especificamente musical. Contudo, Hanslick nomeou a "ideia", que aparece como "ideia musical" no material sonoro, de "forma". Em sua estética, portanto, a forma não é forma da aparência, mas da essência: "forma interior" (como o antigo termo introduzido por Shaftesbury na estética da época moderna). E a frase sobre as "formas sonoras em movimento" (que devem valer como "conteúdo") quer dizer, portanto, que o movimento sonoro — o substrato acústico — exporia o momento fenomênico, e a forma, pelo contrário, o ideal, o conteudístico. Forma, tal como Hanslick a entende, não é o lado de fora, mas o de dentro, e, nessa medida, "conteúdo" (no sentido hegeliano, que, no entanto, foi retomado somente em nome de um contraste polêmico). "As formas que se constituem a partir de sons são [...] o espírito que se forma de dentro para fora."[9] "Compor é um trabalhar do espírito em um material capaz do espírito."[10] Isso não quer dizer que Hanslick determine o conceito tradicional de forma, da doutrina musical da forma, como espírito, mas, ao contrário, que determina o espírito na música como forma. A suposição decisiva do conceito de forma hanslickiano é — em direção oposta — o conceito de conteúdo em Hegel, não a tradição da teoria musical. Já o conceito de Hanslick da forma musical deixa implícitos ambos os momentos, que na ideia romântica de música absoluta estavam ligados um ao outro: a forma é especificamente musical, separada de todos os fundamentos de determinação extramusicais e, nessa medida, absoluta; justamente por isso, no entanto, ela é mais que a mera forma da aparência, ou seja, espírito, forma da essência, que se forma de dentro para fora.

9 Ibid., p. 34.
10 Ibid., p. 35.

Hanslick exemplificou por meio do tema: "Em toda composição, a unidade musical autônoma do pensamento, não mais divisível, é o tema. As determinações primitivas que são atribuídas à música enquanto tal devem se encontrar sempre atestáveis no tema, no microcosmo musical [...]. O que deve, portanto, dar nome ao conteúdo? Os próprios sons? Certamente; mas eles já estão formados. O que é a forma? Novamente, os próprios sons — mas eles são já forma realizada."[11] O tema é paradigmático para o que em Hanslick se denomina "forma", pois se trata de um todo feito de partes e também parte de um todo, tornando, portanto, compreensível o fato de que a forma deve ser determinada como "*energeia*", como "o espírito que se forma de dentro para fora": como processo no qual o material penetra em uma coesão de sentido, que, por sua vez, é material para uma coesão de sentido ainda mais ampla. Do conceito de tema brota a ideia de processo temático enquanto "meditação" ou "ordem de ideias". Como disse Friedrich Schlegel: a ideia que no século XIX expôs o epítome da forma musical.

A representação, modificada por Hanslick, da forma musical, interpretada como forma da essência em vez de forma da aparência, está estreitamente relacionada com a concepção de caráter linguístico da música, que diverge profundamente do conceito de "linguagem sonora" de Forkel. "Na música há sentido e sequência, porém musicais; ela é uma linguagem que nós falamos e entendemos, mas que não estamos em posição de traduzir. Existe ali um reconhecimento profundo de que também em obras sonoras se fala de 'pensamentos' — assim como no discurso, o juízo exercitado também diferencia facilmente os pensamentos verdadeiros dos

---

[11] Ibid., pp. 99-100.

meros tipos de discurso."¹² Hanslick, à semelhança de Forkel, entende a lógica musical — "sentido e sequência" na música — como análoga à linguagem. Ele não pensa, entretanto, na regulação harmônica e na diferenciação dos "sons da sensação" musicais — a "apodrecida estética do sentimento" é antes objeto de sua repulsa —, mas sim em uma lógica "intramusical".

Porém, Hanslick parece ter tomado de Wilhelm von Humboldt a ideia de um "espírito" da linguagem que se manifesta em sua "forma". (Ainda que ele não cite Humboldt, e sim Jacob Grimm, que compartilhava com Humboldt premissas essenciais da teoria linguística.)¹³ Segundo Humboldt, a linguagem — para dizê-lo com as palavras de Hanslick, que são próximas das de Humboldt — é "um trabalhar do espírito em um material capaz do espírito". E Humboldt denominou de "forma da linguagem" a estrutura interna que traça os caminhos para uma linguagem concebida como atividade do espírito. "A forma da linguagem é constituída pelo que há de permanente e uniforme nesse trabalho do espírito para elevar o som articulado à expressão do pensamento, concebido em sua coesão tão perfeitamente quanto possível e apresentado sistematicamente."¹⁴ A linguagem não aparece como mero "revestimento" de pensamentos e sentimentos, como na teoria linguística mais antiga pressuposta por Forkel, mas como produtividade espiritual, que dá forma e não simplesmente formula. "Ela mesma não é uma obra (*ergon*), e sim uma atividade (*energeia*). Por isso, sua definição verdadeira somente pode ser genética. Ela é assim

---

12 Ibid., p. 35.
13 Ibid., p. 87.
14 Wilhelm von Humboldt, "Über die Verschiedenheit des menschlichen Sprachbaues und ihren Einfluss auf die geistige Entwicklung des Menschengeschlechts", em *Werke*, vol. III, 1863, pp. 419-20.

o trabalho eternamente reiterado do espírito de fazer o som articulado ser capaz de expressar o pensamento."[15] A diferença — de que em Humboldt o assunto é a "forma interior" de uma linguagem no todo e, em Hanslick, em oposição, é a obra musical individual — não muda nada no que se refere à concordância das categorias fundamentais (que, ademais, em Humboldt também são válidas para o "trabalho do espírito" no detalhe linguístico): uma concordância que permitiu a Hanslick determinar a música como linguagem, sem precisar recorrer à doutrina em que ela seria "linguagem das sensações". Se a linguagem não é simplesmente "revestimento", mas "forma interior", "trabalho do espírito" no "som articulado", então também a música, na qual as formas constituídas pelos sons são "o espírito que se forma de dentro para fora", pode ser designada como linguagem em um sentido quase não metafórico. A filosofia da linguagem de Humboldt foi, por isso, um dos pressupostos fundamentais da tese hanslickiana de que a música enquanto forma seria "espírito" — e, portanto, "conteúdo" no sentido hegeliano —, por meio do qual se tornou desnecessário buscar em sensações ou afetos um conteúdo fora da forma para se poder determinar a música como "aparência sensível da ideia", como belo musical. Somente diante do plano de fundo da metafísica romântica da música absoluta, da teoria linguística humboldtiana e da dialética da essência e da aparência hegeliana que o conceito de forma hanslickiano, aparentemente uma categoria empírica sóbria, toma forma e ganha cor.

O caráter linguístico da música — a justificação estética da música instrumental autônoma — certamente não foi negado por Søren Kierkegaard, cuja estética é na verdade uma antiestética, mas foi sentido como algo frágil. Em uma argumentação de excessivo enredamento dialético,

---

15 Ibid., p. 418.

Kierkegaard recolhe motivos a partir da teoria da música absoluta para, depois de um gesto fugaz de aparente concordância, inesperadamente deixá-la cair e se estilhaçar. Ao mesmo tempo, o pensamento do romantismo de que a música seria a arte característica da época cristã entra em um crepúsculo no qual a "arte sonora sagrada" se desvirtua em uma "demoníaca".

"Mas um meio que seja espiritualmente determinado é essencialmente linguagem; uma vez que a música foi determinada espiritualmente, ela foi chamada, com razão, de linguagem."[16] A diferença constitutiva, para uma linguagem, entre o representado e o presente, entre o significado e seu portador, parece ressurgir na música. "Assim, por exemplo, na linguagem, o elemento sensível enquanto meio é reduzido à mera ferramenta e é constantemente negado [...]. O mesmo ocorre com a música: o que na verdade deve ser ouvido se liberta cada vez mais do que há de sensível."[17] No entanto, a música, por conta da indeterminidade do que diz ou balbucia, é uma linguagem menor. Ela "expressa, a saber, sempre o imediato em sua imediatidade; por isso ocorre que a música, em relação à linguagem, se mostra como a primeira e a última":[18] a primeira, pois uma linguagem, remontada à sua origem, advém das interjeições, que são, "por sua vez, musicais"; a última, na medida em que uma linguagem lírica ao final alcança um grau em que "o musical se desdobrou tão fortemente que a linguagem cessa e tudo vira música".[19] Mas o "imediato", o meio da música, é para Kierkegaard — não diferente de Hegel — algo suspeito; e a "imediatidade" na qual a música sem texto se perde não é de maneira

---

16 Søren Kierkegaard, *Entweder/Oder*, 1956, p. 70.
17 Ibid., pp. 71-2.
18 Ibid., p. 74.
19 Ibid., p. 73.

alguma — enquanto "pressentimento do infinito" — uma distinção metafísica, mas sim um defeito. "O imediato é, a saber, o indeterminável, e por isso a linguagem não o pode apreender; que ele, no entanto, seja o indeterminável, tal não é sua perfeição, mas uma carência nele."[20] A música absoluta é certamente uma linguagem que não está, porém, acima, e sim abaixo da linguagem verbal. "Por isso ocorre que eu, e nisso também os especialistas no assunto me dão bastante razão, jamais tive simpatia pela música mais elevada, que acredita não necessitar da palavra. Ela acredita, pois, em geral, estar acima da palavra, apesar de na verdade estar abaixo."[21]

O imediato que a música expressa, Kierkegaard determina como "imediatidade sensível". (Quer dizer, não o "sensível" enquanto matéria da percepção, da qual o "verdadeiramente" musical justamente "faz-se cada vez mais livre", mas sim a "genialidade erótico-sensível", cujo paradigma para Kierkegaard era o *Don Giovanni* de Mozart.)[22] O sensível, porém, aparece sob o domínio do cristianismo como o excluído do espírito; e enquanto excluído ele é "demoníaco".[23] Contudo, mesmo o negado pelo espírito — Kierkegaard opera com a "negação determinada" de Hegel — é "espiritualmente determinado". E, na medida em que a determinidade espiritual afiança o caráter linguístico da música, a música é uma linguagem somente enquanto negação da linguagem. (Enquanto interjeição ela "ainda não" é, e enquanto diluição da lírica em magia sonora ela "não mais" é linguagem.)

A tese destruída por Kierkegaard filosoficamente — por motivos secretamente teológicos — de que a música seria

20 Ibid., p. 74.
21 Ibid.
22 Ibid., p. 68.
23 Ibid., p. 75.

uma linguagem acima da linguagem foi restituída filosoficamente um século mais tarde por Theodor W. Adorno — e com uma teologia manifesta, muito embora mais evocada do que "acreditada". "Face à linguagem significativa, a música é uma [linguagem] de um tipo inteiramente diverso. Nisso reside seu aspecto teológico. O que ela diz é, enquanto aparência, determinado e ao mesmo tempo oculto. Sua ideia é a forma [*Gestalt*] do nome divino. Ela é, [...] como sempre, também uma tentativa futilmente humana de dar o nome mesmo, e não de comunicar significados."[24] A música "remete à linguagem verdadeira assim como àquela em que o conteúdo [*Gehalt*] mesmo se revela, mas em detrimento da univocidade que se transferiu para a linguagem conceitual".[25] A linguagem da teologia judaica, que Adorno tomou emprestada da teoria da poesia e da linguagem de Walter Benjamin, deixou-se, no entanto, substituir, sem perda de substância, pela [linguagem] dialético-metafísica na qual um eco distante da estética musical romântica é audível, mesmo que o outrora entusiástico "pressentimento do infinito" possa ser abafado pela desilusão de que permanece como mero pressentimento. "A linguagem conceitual gostaria de dizer o absoluto de maneira mediada, que, porém, lhe escapa em toda intenção individual, deixando cada uma delas, finitas, para trás. A música atinge o absoluto imediatamente, mas no mesmo instante ele escurece, assim como a luz superpotente ofusca o olho, que então já não pode ver nem aquilo que há de inteiramente visível."[26]

Para se abrir caminho a um entendimento filosófico de uma música absoluta, que ele entendia como linguagem acima da linguagem, com um discurso menos metafísico,

---

24 Theodor W. Adorno, "Fragment über Musik und Sprache", em *Quasi una Fantasia*, 1963, p. 11.
25 Ibid., pp. 11-2.
26 Ibid., p. 14.

Adorno apelou de um lado para a "transcendência do musicalmente individual", e do outro para as "intenções intermitentes" na música. "Todo fenômeno musical, em virtude do que rememora, do que abandona, através do que desperta a expectativa, aponta para além de si mesmo. O epítome de uma tal transcendência do musicalmente individual é o 'conteúdo': o que ocorre na música."[27] A formulação, que paira suspensa, entretanto, não impede inteiramente que a palavra "transcendência" tenha sido utilizada de maneira equivocada: formal internamente e ao mesmo tempo externamente. O fato de que o detalhe musical "aponte para além de si mesmo" — de que sons e também motivos se constituam em geral como música somente através do contexto em que estão, em vez de permanecerem mero fenômeno acústico — não diz nada de imediatamente conclusivo sobre um "sentido" da música que "aponte" para além de sua estrutura. O conceito de "intenção intermitente"[28] significa que o que há de semântico em uma música, que se esforça por esquivar-se tanto do decurso vazio do meramente estrutural quanto da dependência do elemento extramusicalmente programático, não deve nem faltar nem se juntar a uma "camada" ubíqua (no sentido de Roman Ingarden). Antes ele "lampeja" esporadicamente. Contudo, à intuição fugidia possibilitada pela música em alguns instantes Adorno concede um voto de confiança, que ele mesmo nega à linguagem verbal "instrumentalizada" e corrompida através de uma práxis social apodrecida.

27 Ibid., p. 16.
28 Ibid., p. 11.

Sobre três culturas da música

Hans von Bülow, em 15 de julho de 1851, informou sua mãe sobre as tendências musicais na corte berlinense: "Meyerbeer aconselhou-me logo de início a tocar uma fantasia de ópera; especialmente as conhecidas melodias italianas teriam o aplauso da rainha e da corte. Somente diante do rei eu poderia tocar o que quisesse, Bach e mesmo Beethoven".[1] O gosto do rei, no entanto, aparece como reflexo do que na era burguesa já havia ganhado aceitação décadas antes. Em 1833, Robert Schumann escrevia no *Meister Raros, Florestans und Eusebius' Denk- und Dicht-Büchlein* [Mestre Raro, Florestan e Eusebius: Pequeno livro de pensamentos e poemas]: "Não acho nada extraordinário que em Berlim se comece a dar valor às coisas de Bach e Beethoven".[2]

A fórmula "Bach e Beethoven", cujas consequências de amplo alcance na história das ideias eram dificilmente previsíveis para Schumann, diferencia-se de combinações como "Bach e Händel" ou "Haydn, Mozart e Beethoven" através não da fundamentação histórico-estilística, mas sim da fundamentação histórico-filosófica, de onde ela foi retirada. Para começar, e em primeira instância, ela aponta — negligenciando o compositor de música vocal, que Bach também foi — para as obras canônicas da literatura pianística da mais estrita observância: o *Cravo bem temperado* e as sonatas de Beethoven do *opus 2* ao *opus 111*; portanto, "*the forty-eight*" e "*the thirty-two*", como mais tarde se diria na

---

1 Hans von Bülow, *Ausgewählte Briefe*, 1919, p. 36.
2 Robert Schumann, *Gesammelte Schriften über Musik und Musiker*, vol. I, 1914, p. 36.

Inglaterra.³ Além disso, porém, Bach e Beethoven, elevados acima dos outros compositores, representaram a tradição da grande música por excelência, a tradição em que Schumann, tal como se lê no manifesto *Zur Eröffnung des Jahrganges 1835* [Para o início do ano de 1835] da *Neuen Zeitschrift für Musik* [Nova revista de música], buscou apoio para "combater o passado recente não artístico" e "preparar uma nova era poética".⁴ "Falta ainda uma revista para a 'música futura'", escreveu Schumann antes de sua fundação. "Como redatores convêm sem dúvida somente homens como o antigo *Kantor* da Thomasschule, que ficou cego, e o *Kapellmeister* surdo que descansa em Viena."⁵ Bach e Beethoven são exaltados como os soberanos do "reino espiritual", tal como a música instrumental fora explicada por E. T. A. Hoffmann; e o que eles têm em comum é o "poético", que fora reconhecido por Ludwig Tieck como a essência da "arte sonora pura e absoluta". "Sem dúvida, se penso agora no tipo mais elevado de música, tal como nos foi oferecido por Bach e Beethoven em criações individuais; se falo de estranhos estados anímicos, que o artista deve revelar para mim; se exijo que ele com cada uma de suas obras me leve um passo adiante no reino espiritual da arte; se exijo, em poucas palavras, profundidade poética e novidade em toda parte, tanto nas particularidades quanto no todo, então eu deveria buscar por um logo tempo, e também nenhuma das obras mencionadas ou as que têm aparecido me satisfaria."⁶ Somente em obras dispersas é que a "nova era poética" se anuncia.

No entanto, o triádico esquema histórico-filosófico no qual um passado imediato apodrecido — a época do *juste milieu* — contrasta com uma época dourada, cujo retorno se

---

3 Ibid., p. 113; id., vol. III, p. 153.
4 Id., vol. I, p. 50.
5 Ibid., p. 44.
6 Id., vol. II, p. 136.

esboça no presente, é completado na estética de Schumann pelo pensamento dialético de que o presente, como "nova era poética", poderia ser invocado a mediar as tendências divergentes do grande passado — entre o sentido de profundidade de Bach e a sublimidade de Beethoven. "Onde Sebastian Bach escava tão profundamente que a luz do poço ameaça extinguir-se nas profundezas; onde Beethoven brande nas nuvens seu punho titânico; o que o tempo mais recente trouxe para diante de si que poderia mediar altura e profundidade — tudo isso a artista conhece [...]."[7] A tradição, por mais poderosa que pareça, não detém a última palavra.

Através de Richard Wagner, a combinação de Bach e Beethoven ganhou um sotaque nacionalista. Se a obra sinfônica de Beethoven sempre representou para Wagner — desde o entusiasmo juvenil com a *Nona sinfonia* — o epítome da música por excelência, então, no artigo *Was ist deutsch?* [O que é alemão?] (cuja parte principal foi escrita em 1865, mas publicada somente em 1878), Bach, enquanto o representante "do espírito alemão" nos "tempos exíguos", é colocado ao lado de Beethoven.[8] A partir da fórmula "Bach e Beethoven", originalmente um agrupamento de clássicos da música para piano, surgiu o "mito da música alemã", um mito do qual até Arnold Schönberg participou, ao que ele em 1923 esclarecia que, através da descoberta da dodecafonia, a hegemonia da música alemã por enquanto estaria garantida. (Schönberg sentia-se como o herdeiro de Bach e Beethoven.)

A ideia utópica de Schumann de que deveria ser possível, em uma "nova era poética" — que substitui uma época de decadência —, deixar duas tendências heterogêneas

---

7   Ibid., p. 44.
8   Richard Wagner, *Gesammelte Schriften und Dichtungen*, vol. X, 1914, pp. 47-8.

do grande passado interpenetrarem-se, a saber, o sentido contemplativo de profundidade de Bach e a sublimidade prometeica de Beethoven, reaparece no final do século XIX e no século XX em diferentes roupagens — com representações cambiantes de quem estaria incumbido de representar a "nova era poética". Contudo, por mais divergentes que fossem os esquemas triádicos delineados com a exuberância histórico-filosófica (Bülow fez a defesa de Bach, Beethoven e Brahms; Nietzsche, a de Bach, Beethoven e Wagner; August Halm, a de Bach, Beethoven e Bruckner), uma época da música alemã sempre se ocultou por trás do plano de fundo do pensamento, e sempre se tratou de uma ideia de "arte sonora pura e absoluta", em cujo nome se compôs um arranjo de compositores que teve de justificar nada menos que uma filosofia da história da música. (Também o drama musical de Wagner, como foi mencionado, foi entendido por Nietzsche como "música absoluta" no sentido da metafísica de Schopenhauer.)

"A partir do fundamento dionisíaco do espírito alemão", lê-se no *Geburt der Tragödie aus dem Geiste der Musik* [Nascimento da tragédia no espírito da música] de 1871, "surgiu uma potência que não tem nada em comum com as condições originais da cultura socrática" — como a contracultura racionalista face à dionisíaca — "e que dela não deve nem ser explicada nem desculpada; ao contrário, é sentida por essa cultura como o terrível-inexplicável, como o superpoderoso-hostil: a música alemã tal como temos de entendê-la, principalmente em seu poderoso decurso solar de Bach a Beethoven, de Beethoven a Wagner."[9] O páthos nacional, para o qual Nietzsche aliás pouco tendia, veio de Wagner, de quem Nietzsche tomou também a fórmula "de Bach a Beethoven". E mesmo a

---

9 Friedrich Nietzsche, *Werke in drei Bänden*, vol. I, 1954-1956 [1966], p. 109.

substância objetiva do esquema triádico pode ser descoberta na teoria de Wagner. Pois o correlato estético e técnico-composicional do pensamento de que a tradição da grande música se estende de Bach a Wagner, passando por Beethoven, não consiste em outra coisa senão no princípio da "melodia infinita". Nos anos 1870, Wagner declarou diversas vezes — depois de Liszt e mais tarde Josef Rubinstein tocarem para ele os prelúdios e fugas de Bach — que no *Cravo bem temperado* estaria "já prefigurada a melodia infinita".[10] E no artigo *Zukunftsmusik* [Música do futuro], no qual foi cunhado o termo "melodia infinita",[11] não é no próprio drama musical, mas já nas sinfonias de Beethoven que Wagner encontra a marca do tal princípio. Um movimento como o primeiro da *Eroica* seria "não outra coisa senão uma melodia única e precisamente coesa".[12]

Não é de se estranhar que tenha sido na música instrumental que Wagner descobriu a pré-história da "melodia infinita", pois no drama musical é a orquestra, antes de tudo, a portadora da "melodia infinita". E é possível, sem recair no arbítrio especulativo, tornar ainda mais estreita a conexão entre a ideia da música absoluta e o princípio da "melodia infinita" quando se reconhece como um equívoco trivial a concepção de que a "infinitude" da melodia consiste em evitar ou superar cesuras e cadências, ou quando se busca reconstruir a significação original do conceito. A música é "melódica", segundo Wagner, quando cada som é eloquente e expressivo; e, em oposição a uma "melodia estreita", na qual o melódico é repetidamente interrompido para dar lugar a fórmulas que nada dizem, uma "melodia

---

10 Martin Geck, "Bach und Tristan: Musik aus dem Geist der Utopie", em *Bach-Intepretationen*, 1969, p. 191.
11 Richard Wagner, *Gesammelte Schriften und Dichtungen*, vol. VII, 1914, p. 130.
12 Ibid., p. 127.

infinita" é a cada instante "melódica" no sentido enfático da palavra, sem ser interrompida por floreios, preenchimentos e gestos vazios. (Evitar cadências não é a essência, mas uma das consequências do princípio: cadências são fórmulas e, portanto, não são "melódicas".)

O princípio da "melodia infinita" baseia-se por isso na exigência estética de que a música, tal como expressou Eduard Hanslick, seria uma "linguagem", na qual "o juízo exercitado diferencia facilmente os pensamentos verdadeiros dos meros tipos de discurso".[13] No entanto, a música, a que Hanslick atribuiu um caráter linguístico, era a "arte sonora pura e absoluta", que somente enquanto "linguagem sonora" obteve a legitimação estética de ser arte autônoma.

Na filosofia da história da música de Wagner, foi Beethoven quem desenvolveu a possibilidade linguística da música instrumental até o ponto no qual a expressão musical, apesar de permanecer limitada a sentimentos in abstracto, alcança a determinidade individual: uma determinidade que, não obstante, ao final, na *Nona sinfonia*, ansiou por palavras, pois, enquanto determinidade sem objeto, como expressão individualizada sem objeto, havia incorrido em uma contradição interna.[14] (Se em 1851 Wagner, em *Ópera e drama*, atribuiu exclusivamente a Beethoven uma possibilidade linguística musical individualmente determinada, então mais tarde, nos anos 1870, também Bach — como se pode concluir a partir dos ditos de Wagner a respeito de sua "melodia infinita" — foi reconhecido por sua relevância para o desenvolvimento do caráter linguístico da música instrumental.)

O fato de que a possibilidade linguística da música instrumental necessitaria de uma "redenção" através das

---

13 Eduard Hanslick, *Vom Musikalisch-Schönen*, 1854. Reimp.: 1965, p. 35.
14 Richard Wagner, *Gesammelte Schriften und Dichtungen*, vol. III, 1914, pp. 276-ss.

palavras e dos acontecimentos cênicos — para escapar do dilema de que ela falaria algo determinado, mas de forma incompreensível — é uma tese que Wagner, após sua conversão à metafísica da música de Schopenhauer (que era uma teoria da música absoluta), não rechaçou expressamente, mas modificou profundamente. Pois o fato de que, no drama musical, a melodia orquestral expressa a essência e o "em-si interior" da ação assim como das palavras — de que ela, portanto, expõe uma linguagem por trás da linguagem — quer dizer nada menos que a linguagem "não redimida" da música instrumental é a linguagem "verdadeira" da música enquanto órganon da metafísica. (A linguagem verbal nunca alcança o que a música expressa, sendo apenas seu reflexo em categorias do "mundo da aparência".) Isso, porém, não exclui que, segundo Wagner, a linguagem musical — a partir da qual a "vontade" schopenhaueriana fala — dependa da linguagem verbal enquanto correlato empírico para em geral poder tornar-se efetiva como órganon da metafísica. Em outras palavras: textos e acontecimentos cênicos são, com efeito, meras pontes para a contemplação metafísica no espírito da música, mas pontes cuja necessidade não se deve negar, ainda que se insista em demoli-las depois de atravessá-las. Contudo, a imprescindibilidade de um correlato empírico para a elevação metafísica através da música absoluta, afirmada por Wagner na carta aberta *Über Franz Liszts symphonische Dichtungen* [Sobre os poemas sinfônicos de Franz Liszt], não muda nada na concessão principial — motivada pela apropriação de Schopenhauer e pelas experiências na composição de *Tristão e Isolda* — de que a música metafísica, que encerra a última palavra para além da palavra, seja a absoluta. A ideia de uma melodia "infinita", eloquente a cada instante e significativa é, por isso, tendenciosamente — no que concerne a uma melodia orquestral, que no drama musical não é acompanhamento, mas sim substância — uma parte da estética da música absoluta: não do fenômeno a que Hanslick se referia, mas da ideia apontada por Schopenhauer.

Se o drama musical, como reconheceu Nietzsche, era secretamente música absoluta, então Ernst Bloch, em *Geist der Utopie* [Espírito da utopia], falava justamente de uma "elucidação de Wagner" através de Bruckner, que restituiu a sinfonia — que fora dada como morta por Wagner — na linguagem musical da melodia orquestral wagneriana.

> Há pouco tempo, Bruckner encontrou em Halm um dedicado intérprete de sua capacidade e de sua posição. Ele mostrou que Bruckner oferece o que Beethoven não ofertou, em quem o canto se perdeu no grande êxito, no motivo preenchido de energia e na faculdade de dominar as massas. Assim, pelo fato de Bruckner conseguir tal feito, o estímulo impuro de pretextos poéticos se torna para sempre supérfluo. Mais que isso, é por meio da conquista do estilo de Wagner que esse mestre libera definitivamente a música "que fala" da "tarifa" do programa ou do drama musical; é assim que ele estabeleceu a música como facticidade, como forma e matéria ao mesmo tempo, como um caminho para outros mares que não o da poesia.[15]

Se, na mitologia da história de Wagner, a sinfonia aparecia como drama musical "não redimido", Halm e Bloch, com uma réplica não menos contundente, explicaram o drama musical como mera "tarifa": como uma sinfonia ainda não emancipada. Se Wagner reclamava a possibilidade linguística das sinfonias beethovenianas para o drama musical, então Bruckner apropriava-se da linguagem musical do drama musical nas sinfonias. A fórmula "Bach, Beethoven e

---

15 Ernst Bloch, *Geist der Utopie*, 1923, p. 89.

Bruckner" surgiu como a negação determinada da fórmula de Nietzsche "Bach, Beethoven e Wagner".

August Halm, a quem Bloch se referia e que parafraseou, falava, em 1913, no título de seu livro mais conhecido, acerca de "duas culturas da música", que via representadas por meio das fugas de Bach e das sonatas de Beethoven. Contudo, o pensamento condutor do livro, por meio do qual a antítese entre Bach e Beethoven se tornou atual, em vez de permanecer como construção histórica, era a ideia de uma "terceira cultura", cujas linhas fundamentais Halm encontrou nas sinfonias de Bruckner: linhas fundamentais através das quais foi preparado o caminho para os compositores posteriores — entre eles, Halm — sem que por isso eles tivessem de se sentir como epígonos, no sentido detrativo da palavra. "É de se esperar uma terceira cultura, a síntese de ambas, da qual procuramos fornecer uma imagem neste livro; ela será somente a cultura plena da música, não mais apenas uma cultura, e acredito que já foi fundamentada e talvez já alcançada. Eu a vejo brotar e viver nas sinfonias de Anton Bruckner."[16]

Os conceitos "forma" e "tema", nos quais Eduard Hanslick reconheceu as categorias constitutivas da música absoluta, foram enredados por Halm — que desenvolveu uma técnica de análise a partir da estética de Hanslick — em uma dialética na qual eles constituem antes de tudo e em primeira instância uma antítese histórica. Halm contrapõe uma "cultura do tema" nas fugas de Bach a uma "cultura da forma" nas sonatas de Beethoven: na fuga, em poucas palavras, a forma é uma função do tema; na sonata, ao contrário, o tema é uma função da forma. (E pode-se ainda perguntar se a fuga é mesmo uma forma ou simplesmente uma técnica.) "Fundamentalmente, a fuga é regida por uma lei: esta é simplesmente seu tema, cujas

---

16 August Halm, *Von zwei Kulturen der Musik*, 1947, p. 253.

peculiaridades individuais e virtudes devem através daquela [da fuga] ser efetivas [...]. A forma-sonata, em oposição, apresenta mais um caminho da ação; a ele servem os temas principais e a maneira como são elaborados."[17] Para usar a terminologia da teoria do drama: se na fuga a forma cresce a partir do "caráter" da temática, então na sonata a temática está submetida ao "destino" que a forma impõe a ela.

Os contornos da *querelle* estético-musical do século XVIII, a disputa acerca da primazia da melodia ou da harmonia, surgem como plano de fundo na história das ideias da antítese que Halm delineou. Pois a "cultura do tema", louvada por Halm nas fugas de Bach, não é outra coisa senão uma arte do melódico: a arte — demonstrada no tema da fuga em si bemol menor do segundo caderno do *Cravo bem temperado* — de deixar uma construção melódica aparecer como um sistema de relações sonoras fechado e sustentado em si mesmo, no qual uma diferenciação sempre mais rica conduz a uma integração sempre mais densa.[18] E, por outro lado, a "cultura da forma", fundada por Beethoven, é antes de tudo uma arte "da economia harmônica": em Beethoven,[19] a entrada de uma tonalidade expõe um "acontecimento" a partir do qual se desenvolvem as consequências obrigatórias, enquanto Bach introduz novas tonalidades quase que imperceptivelmente, "com a mão serena", sem tornar o processo da forma, cujo suporte é a harmonia, expressamente palpável. Em outras palavras, na fuga a temática é substancial, mas a forma "ainda não vive"; na sonata desenvolve-se uma "vida da forma", mas a temática permanece não raro sem substância.

O elogio de Bruckner, representante de uma "terceira cultura da música", assumiu em Halm, em 1913, a forma

---

17 Ibid., p. 32.
18 Ibid., pp. 207-ss.
19 Ibid., p. 13.

de um desafio secretamente polêmico à veneração por Beethoven — na época ainda avassaladora e sacrossanta. "Bruckner é o primeiro músico absoluto de grande estilo e de maestria perfeita desde Bach, o criador da música dramática — o inimigo e o conquistador do drama musical. Se a fuga desejava ser fecundada pelo espírito da nova música, então ela teria de encontrar o contraste no modo de tratamento do tema, deixando intacta a unidade temática."[20] "Música dramática", tal como Halm a entende, é um estilo sinfônico dialético e determinado através de oposições em que intervêm contrastes de maneira a "dar forma ao acontecimento".[21] E a arte sinfônica de Bruckner é "conquistadora do drama musical", não somente sua "inimiga", porque contém em si o "dramático", em vez de deixá-lo subsistir como constituinte de "outra cultura da música" ao lado de si.

A interpenetração da fuga e da forma-sonata, que Halm postula e encontra efetivada em Bruckner, não é apenas um amálgama técnico-formal, como no *finale* da *Quinta sinfonia*, mas, além disso, uma apropriação da "cultura temática", que se desenvolveu na fuga, pela sonata: uma apropriação que caracteriza toda a obra de Bruckner — e não simplesmente alguns movimentos individuais.

Contudo, Halm descobriu a condição de possibilidade de uma "terceira cultura da música" na harmonia moderna cunhada por Wagner. "Bruckner, harmonista de coração e sangue, encontra em sua harmonia altamente desenvolvida uma nova tarefa, um novo conteúdo para a melodia. Não a serventia para a forma, para algo superior, mas algo com o qual ela descobriu em si mesma como criar, com o qual ganhou consistência e interesse, a possibilidade de ter grandes dimensões, arcos amplos, curvas audaciosas."[22] O livro

---

20 Ibid., p. 17.
21 Ibid., p. 16.
22 August Halm, *Die Symphonie Anton Bruckners*, 1923, pp. 218-9.

de Halm sobre Bruckner, de 1913, não é outra coisa senão uma tentativa de demonstrar analiticamente que a harmonia está em condições de fornecer suporte e substância a uma melodia arrebatadora, a qual se eleva através de um grande rasgo (que lembra Bach) acima da temática melodicamente rudimentar das sonatas de Beethoven, sem que seja diminuída a capacidade da tonalidade de fundar e suportar uma ampliada coerência sinfônica e de tornar evidentes os "tempos da forma". (Um modo de ouvir musical, que percebe na melodia bachiana um "rasgo de movimento" similar ao da melodia de Wagner e de Bruckner, foi mais tarde descrito de maneira mais detalhada e esteticamente codificado por Ernst Kurth; as obras mais importantes de Kurth — um livro de contraponto sobre Bach, outro de harmonia usando Wagner e um terceiro ainda sobre formas musicais, com base em Bruckner — expõem em conjunto uma teoria e uma estética da música absoluta — a harmonia é, segundo o próprio testemunho de Wagner, o momento constitutivo "para si" da música — que é caracterizada negativamente pelo fato de Beethoven permanecer excluído.)

Anton Webern, que em sua *Sinfonia opus 21* se esforçava pela interpenetração entre a polifonia da fuga e a forma-sonata, expressou o que a escola de Schönberg reivindicava para si ao incluir na pré-história da dodecafonia, no ciclo de conferências *Der Weg zur neuen Musik* [O caminho para a música nova], tanto a "tradição de Bach" (que remete aos franco-flamengos dos séculos XV e XVI) como o legado de Beethoven enquanto epítome do clássico. "Portanto, o estilo que Schönberg e sua escola procuram é uma nova interpenetração do material musical no horizontal e no vertical [...]. Não se trata de uma reconquista ou um novo despertar dos franco-flamengos, mas de um novo preenchimento de suas formas na passagem através dos clássicos; uma ligação dessas duas coisas. Também não se trata naturalmente de um pensar polifônico; são ambos [o horizontal e o vertical] ao mesmo tempo."[23]

A necessidade de ser possível pensar simultaneamente o melódico-polifônico no espírito de Bach e dos franco-flamengos e o harmônico-formal no sentido da concepção beethoveniana da sonata; a possibilidade, em outras palavras, de se apropriar de uma "cultura da música", sem que houvesse abandono ou detrimento da outra, era uma utopia que Webern perseguiu enquanto compositor, assim como Halm em sua condição de apologeta de Bruckner. (Falar de uma utopia poderia ser permitido na medida em que a forma classicista que evocava o espírito da sonata beethoveniana ainda era, por assim dizer, imposta à dodecafonia dos anos 1920, e a harmonia, como Schönberg o expressou, "por ora não estava em discussão".) A fórmula "Bach e Beethoven", o epítome da herança de um grande passado, aparece em Schumann como a cifra para um problema em aberto, que, justamente por se impor peremptoriamente, assim como ao final se mostrou insolúvel, também constava entre os momentos que impulsionaram o desenvolvimento da música — da música absoluta — nos séculos XIX e XX.

---

[23] Anton Webern, *Der Weg zur neuen Musik*, 1960, p. 37.

A ideia do musicalmente absoluto e a práxis da música programática

A disputa em relação à música programática do século XVIII até o XX ocorreu com diferentes argumentos baseados em diferentes princípios. E junto com os teoremas estéticos sobre os quais se apoiavam apologias e polêmicas transformaram-se também as fronteiras e os signos de determinação da questão mesma. A música programática não é sempre o mesmo fenômeno, mas sim um fenômeno historicamente variável: não apenas estilisticamente (o que é trivial), nos meios composicionais com os quais se buscou musicalmente pintar, caracterizar ou narrar, mas também esteticamente (o que aparece como algo menos autoevidente), nas ideias que fundamentam o gênero.

Ao final do século XVIII, o gênero "pictórico" — o empenho de dotar de "conteúdo" a música instrumental, ao que ela se permite retratar algo da natureza exterior ou descrever uma cena — foi rechaçado, ou ao menos reprimido, em nome do postulado estético da *Empfindsamkeit*, de que a música deveria mover o coração. (Beethoven, que escarnecia da pintura sonora no oratório *Criação* de Haydn, justificou em sua sinfonia *Pastoral* o *exemplum classicum* para os músicos programáticos do século XIX, a "pintura", sem renegá-la, através da explicação de que nela a "expressão da sensação" dominaria.)

Em contraste, a estética musical romântica delimitava, como foi dito, o "programático" — o contar histórias musicalmente — junto com o "característico" do "puramente poético", uma categoria interpretável como ideia estética da música instrumental absoluta, mas que não se deve simplesmente equiparar ao musicalmente absoluto tal como ele foi compreendido meio século mais tarde por Eduard Hanslick (por mais útil que possa ser, num primeiro instante, enfatizar a afinidade da teoria da música absoluta de Tieck com a de Hanslick, a fim de se prevenir do grosseiro mal-entendido de que a estética do musicalmente poético visava à "literarização" da música). No âmbito do poético musical — sem que a ideia da música absoluta fosse ferida ou posta em perigo pelo fato de ser uma música destacada de funções, de textos e de afetos e caracteres bem delineados, além de se elevar ao "pressentimento do infinito" — havia certamente lugar para disposições anímicas [*Stimmungen*] e até mesmo para insinuações do sujeito; por exemplo, na abertura orquestral de *Die schöne Melusine,* de Mendelssohn, cuja crítica Schumann fez no espírito da representação romântica da *poesie*, a exposição poética não excedia o "reino do maravilhoso" em que E. T. A. Hoffmann estabelecera a música absoluta e, por isso, evitava, através do pedantismo da narração de histórias, da caracterização ou da pintura sonora, cair no "prosaico", no oposto ao "poético".

A disputa entre os "novos alemães" [*Neudeutschen*] e os "formalistas", que se intensificou por volta de 1860 num conflito partidário político-musical acerca da legitimidade ou não da música programática, pode ser tomada como uma tentativa por parte dos grupos dominantes de pleitear cada um o conceito do "espiritual na música". Franz Brendel, o ideólogo dos novos alemães, afirmava de sua parte que, através da passagem da expressão "indeterminada" do sentimento para o característico "determinado" e o programático, a música instrumental moderna progrediria do nível da "sensação" para o do "espírito", e que, portanto, Liszt completaria o que Beethoven teria começado. Por sua vez, na base da estética hanslickiana do "especificamente musical" residia justamente a tese mais oposta de que o espírito na música seria forma, e a forma, espírito. A forma musical — como mera forma fenomênica — não constitui o invólucro ou o receptáculo de um conteúdo que, como ideia, sujeito ou sentimento, consistiria na verdadeira essência da música; mas antes — enquanto formação da matéria sonora — seria por si mesma a "essência" ou a "ideia". (A dialética platônica-neoplatônica da essência e da forma fenomênica foi substituída, na interpretação do conceito musical de forma, pela dialética aristotélica da matéria e da formação categorial.) No entanto, se a "forma sonora em movimento", como Hanslick a exprimiu com um paradoxo desafiador, é por si mesma "conteúdo", então um conteúdo programático — em vez de valer como "essência" espiritual, que, para não permanecer esvaziada, é atribuída à "forma fenomênica" musical — aparece como adendo "extramusical" de uma forma, que, enquanto marca do "espírito em um material capaz do espírito", pode subsistir por si.

No final do século XIX e no início do XX, a disputa acerca da utilidade e das desvantagens da música programática — quando a disputa não prosseguia com os argumentos de Brendel e Hanslick — incorreu em uma obscuridade na qual as ideias perderam seus contornos claros. Enquanto quase todos os apologetas da música programática eram apoiadores de Wagner, este, contudo, desde 1854 apropriara-se da estética de Schopenhauer, que, em poucas palavras, não era nada senão uma metafísica da música absoluta.

As moções do sentimento, nas quais Schopenhauer acreditou reconhecer a "essência verdadeira" das coisas, são expressas pela música segundo sua "forma", mas "sem o estofo", isto é: elas carecem de objeto e motivo. No entanto, justamente na separação das condições empíricas em que elas estão entrelaçadas, os afetos musicalmente apresentados mostram indisfarçadamente sua essência verdadeira. "Todas as possíveis aspirações, excitações e exteriorizações da vontade, todos aqueles acontecimentos do interior do ser humano que a razão lança ao distante conceito negativo de sentimento devem ser expressos através das infinitas melodias possíveis, porém sempre na universalidade da mera forma, sem o estofo, sempre somente segundo o em-si, não segundo o fenômeno, como que a alma mais interior ela mesma, sem corpo."[1] A representação ordinária e consolidada como lugar-comum de que em uma peça vocal o texto expressaria o "sentido" apreensível conceitualmente do todo, um sentido que a música dotaria como que de "reflexos de sentimento", foi verdadeiramente invertida por Schopenhauer, a saber, através da afirmação de que o sentimento que a música retrata apresentaria o verdadeiro "sentido" da obra, enquanto um texto poético ou um acontecimento cênico, quando é "coberto" por uma peça musical, permaneceria de todo secundário. O conceitual ou cênico aparece como o aspecto exterior, e o sentimento ou afeto, como o interior.

> A partir dessa relação íntima que a música tem com a essência verdadeira de toda coisa, também se deve explicar que, quando para alguém diante de uma cena, ação, acontecimento ou ambiente soa uma música adequada, que parece descerrar para nós o sentido mais secreto e que surge como o comentário mais acertado e mais claro a esse respeito, da mesma maneira, com quem que se entrega inteiramente à impressão de uma sinfonia, é como se visse passarem diante de si todos os acontecimentos possíveis da vida e do mundo; entretanto, ao refletir, vê-se que não se pode designar nenhuma similaridade entre a peça sonora e as coisas que se tem em mente.[2]

Mas entre as associações que se impõem diante da música instrumental — os modelos da música programática e os

---

[1] Arthur Schopenhauer, *Sämtliche Werke*, vol. II, 1900, pp. 259-60.
[2] Ibid., p. 260.

textos da música vocal — as transições são, segundo Schopenhauer, fugazes, já que todas elas, em relação à essência da música, incorrem no conceito negativo do acidental. "É com base nisso que se pode designar na música um poema como canto, uma exposição visual como pantomima, ou ambas como ópera da música. Tais imagens individuais da vida humana, que subjazem à linguagem universal da música, jamais estão ligadas a ela por necessidade geral ou por correspondência; ao contrário, permanecem junto a ela somente na relação de um exemplo arbitrário com um conceito universal."[3] Segundo Schopenhauer, o processo de se "ilustrar" a música através de um texto ou de uma ação cênica não se diferencia fundamentalmente, senão apenas gradualmente, das divagações de uma imaginação que se deixa estimular por uma sinfonia e se deixa levar para representações imagéticas: tanto em um quanto em outro caso, as intuições e os conceitos nos quais o interior, o afeto expresso musicalmente, se espelha são secundários e a princípio cambiáveis.

Impõe-se involuntariamente a lembrança de Eduard Hanslick, que considerava tanto os programas literários quanto os figurativos como adendos "extramusicais" da música instrumental e não pertencentes "à coisa" e que ainda negava a coesão substancial e a inseparabilidade de texto e música na música vocal. A recepção usual de Hanslick, em que as invectivas contra a música programática são levadas a sério e as passagens cético-maliciosas acerca da música vocal, em contrapartida, são postas de lado como gracejo e capricho, é de todo inadequada e de modo algum justificada. Um historiador não deveria negar, por mais incômodo que seja admitir, que na estética rigorosa da música absoluta, em Schopenhauer e em Hanslick, tanto os textos da música vocal quanto os pressupostos

[3] Ibid.

da música programática foram tratados como acidentes "extramusicais" a princípio cambiáveis e dos quais se pode abstrair uma imaginação musical que se atém ao essencial. (A tese oposta, tão consequente quanto estrita, consiste na afirmação de Franz Brendel de que não somente o texto na música vocal, mas também os pressupostos na música programática pertenceriam à "coisa mesma", ao "objeto estético", do qual o ouvinte deveria se manter consciente para se aprofundar no "significado" da obra tal como ela se constituiria na interação entre o sujeito e o fenômeno sonoro.)

Como o mais significativo documento estético-musical da recepção wagneriana de Schopenhauer — após a apropriação hesitante de alguns pensamentos fundamentais na carta aberta *Über Franz Liszts symphonische Dichtungen* [Sobre os poemas sinfônicos de Franz Liszt], de 1857 — aparece o *Beethoven-Abhandlung* [Ensaio sobre Beethoven], que Wagner escreveu em 1870 na comemoração de seu centenário. (Nietzsche parte dele quando escreve o panegírico do *Tristão e Isolda* a partir do espírito da música absoluta.)[4] A sentença lapidar de que os "dramas" wagnerianos não seriam outra coisa senão "fatos da música tornados visíveis"[5] — de que, como se lê em 1851 em *Ópera e drama*, a música, portanto, não seria um meio, e o drama, a finalidade da expressão, mas, ao contrário, segundo a tese de Schopenhauer, de que a música expressaria a essência, que meramente se espelha no fenômeno linguístico e cênico —, aparece porém primeiro na glosa *Uber die Benennung "Musikdrama"* [Sobre a denominação "drama musical"], de 1872.

---

4 Dahlhaus faz um trocadilho com o título referido de Nietzsche *Die Geburt der Tragödie aus dem Geiste der Musik* [O nascimento da tragédia a partir do espírito da música], de 1872. [N. T.]
5 Richard Wagner, *Gesammelte Schriften und Dichtungen*, vol. IX, 1914, p. 306.

Apesar de Wagner ter se apropriado da metafísica de Schopenhauer, o fato de ele ter esboçado no escrito comemorativo de Beethoven um texto sobre o *Quarteto em dó sustenido menor opus 131*, que deveria "apresentar a imagem de um dia na vida de nosso herói", não deve ser compreendido nem como esboço de um "programa" nem como "redução" biográfica. Entretanto, a princípio parece que a música é "decifrada" biográfica ou pseudobiograficamente. "Eu gostaria de designar o longo *adagio* introdutório, provavelmente o que há de mais melancólico que em sons musicais foi pronunciado, como o despertar da manhã do dia, 'que em seu longo decurso não há de realizar desejo algum, nem ao menos um!'.[6] Mas ao mesmo tempo trata-se de uma oração de penitência, uma consulta com Deus na fé no bem eterno."[7] O que em uma leitura rápida pode aparecer como a "explicação" da música a partir da biografia exterior é na verdade o esboço de uma biografia "interior" e "ideal": "ideal" na medida em que Wagner não reconstrói a vida de Beethoven para decifrar o sentido da música, mas justamente o contrário, mergulha no sentido da música para apreender um fragmento dessa biografia "interior" que escapa ao alcance da pesquisa empírica. Segundo a convicção de Wagner — a partir do exemplo da sinfonia *Eroica* e sua dedicatória a Napoleão —, enquanto por um lado se pode experienciar tão pouco algo de essencial sobre o sentido de uma obra a partir da biografia "exterior" de um compositor,[8] por outro lado a "essência" expressa na música — a substância dos "fenômenos" empíricos, tal como ela se abre para uma contemplação

---

6 *"Der in seinem langen Lauf nicht einen Wunsch erfüllen soll, nicht einen!"*, referência modificada ao *Fausto* de Goethe (primeira parte). [N. T.]
7 Richard Wagner, *Gesammelte Schriften und Dichtungen*, vol. IX, 1914, p. 96.
8 Ibid., pp. 64-5.

estética recolhida em si — é esclarecedora para a biografia "interior" do compositor. No entanto, até mesmo a biografia interior, a construção de um "sujeito ideal" da música, não pertence, para Wagner, ao fenômeno estético, à "coisa mesma".

> Portanto, a fim de assim elucidar para nós um tal dia de vida verdadeiramente beethoveniano a partir de seus acontecimentos mais interiores, escolho o grandioso quarteto em dó sustenido menor: o que em sua escuta mesma poderia nos resultar difícil, pois dessa maneira nos sentimos compelidos a abandonar imediatamente qualquer comparação determinada e a só ouvir a revelação imediata de um outro mundo, torna-se, porém, possível até certo ponto quando executa este poema sonoro através da memória.[9]

Wagner claramente não viu que a experiência de um "sujeito estético" pertencia ao fenômeno musical, tal como este se mostra em uma escuta imparcial de uma peça instrumental — em todo caso, do século XIX —, aparecendo a música como seu discurso [do "sujeito estético"], que, no entanto, é o sujeito não da biografia "exterior", mas da "interior" — do correlato empírico-documentalmente irremediável da experiência estética.

A teoria da música programática, através da recepção de Wagner da estética schopenhaueriana, a cuja herança os compositores da modernidade musical se sentiram ligados, tornou-se complicada a ponto de por vezes parecer labiríntica. O nascimento da obra e sua essência, as condições empíricas e o significado metafísico, os momentos biográficos e estéticos formam uma complicada configuração nas construções do conceito, com as quais se busca justificar a

---

9 Ibid., p. 96.

práxis da música programática sem abrir mão dos princípios schopenhauerianos. (O fato de a metafísica de Schopenhauer ter elevado a dignidade musical ao incomensurável foi sem dúvida — ao lado da dependência de Wagner — um dos motivos pelos quais era difícil, para os compositores, apartar-se dela.)

"Nada" — note-se bem: para seu fenômeno na vida — "é menos absoluto que a música."[10] "Nisso estamos, portanto, de acordo e admitimos que a divina música, para a possibilidade de seu fenômeno, precisou receber nesse mundo humano um momento obrigatório e — como vimos — condicionante."[11] As condições de possibilidade da música são, para Wagner, de um lado, a linguagem, e, de outro, a dança ou a ação cênica: a música necessita, para tornar-se fenômeno, para poder tornar-se efetiva, de um "motivo formal", uma *raison d'être*. Mas o Wagner schopenhaueriano distingue do "fenômeno na vida" (o aspecto empírico exterior) a essência metafísica — ou, como ele diz, "divina" — da música.[12] O fato de que a música não pode se realizar sem um "motivo formal" extramusical — sem tomar forma na representação do compositor — não exclui de modo algum, portanto, que um ouvinte perspicaz do "fenômeno" e de suas condições aprofunde-se na "essência": na intuição da "vontade" que, segundo Schopenhauer, constitui a substância da música. Os "motivos formais", mesmo que estejam entre as condições de surgimento da música, não constituem seu momento essencial. A gênese empírica e o valor estético — a "essência" tal como ela se mostra na contemplação estético-metafísica esquecida de si mesma — separam-se um do outro.

10 Ibid., vol. v, p. 191.
11 Ibid., p. 192.
12 Richard Wagner, *Gesammelte Schriften und Dichtungen*, vol. IX, 1914, pp. 75-ss.

A consequência para a teoria da música programática foi bastante estranha. Para um adepto de Schopenhauer, programas são — enquanto momentos da composição ou da recepção; como "motivos formais" ou "parábolas" hermenêuticas — permitidos justamente pelo fato de não afetarem a substância da música e, portanto, não importarem a ela. A apologia (inclusive aquela dos próprios compositores) tende a uma argumentação que no fundo é uma defesa de uma tolerância a partir da indiferença. Sob o domínio da estética schopenhaueriana, os programas — independentemente de qual função reivindicassem ou com que ênfase fossem apresentados — foram considerados fracos demais para poder tatear a essência "absoluta" da música.

Wagner, ao procurar justificar, em 1870, no *Beethoven-Abhandlung* [Ensaio sobre Beethoven], a *Pastoral* no espírito de Schopenhauer, partiu do modelo de pensamento platonizante da estética tradicional, da dialética da essência e da aparência. Ainda valia a palavra de Hegel de que o belo seria "a aparência sensível da ideia". No entanto, como ideia que reluz do fenômeno sensível, não se determina a natureza (cuja essência se revela na forma musical da aparência da sinfonia *Pastoral*), mas, justamente ao contrário, é a música ou a forma musical — enquanto retrato da "vontade" — que torna sensível o "em-si interior" das aparências naturais. Quando Wagner, com o *exemplum classicum* da *Pastoral*, discute o caráter estético da música programática, da descrição musical da natureza, ele se apoia, assim como teorias anteriores, no esquema conceitual "essência e aparência"; mas natureza e música como que trocaram de lugar na relação dialética.

E então reluziram os olhos do músico a partir de dentro. Agora ele lançava o olhar também para a aparência, que, iluminada por sua luz interior, comunicava-se novamente com seu interior em reflexos maravilhosos. Agora lhe fala de novo somente a essência das coisas, e lhe mostra [a aparência] na luz serena da beleza. Agora ele compreende a floresta, o regato, o prado, o éter azul, a alegre multidão, o casal amoroso, o canto dos pássaros, o caminho das nuvens, o rugir da tempestade, o deleite da paz alegremente comovida [...]. "Hoje estarás comigo no paraíso"[13] — quem não ouviu essa palavra do redentor quando escutava a sinfonia *Pastoral*?[14]

No conceito amplo e negativo de "extramusical" (e, portanto, "acidental"), na heterogeneidade em que foi lançado, se misturaram uns aos outros ensejos para a composição, diversas temáticas literárias ou pictóricas, programas reivindicando pertencer ao "objeto estético", decodificações hermenêuticas e associações casuais. Nietzsche negou em *O nascimento da tragédia* que houvesse de modo geral uma diferença de princípio entre os intercambiáveis — diversos de ouvinte para ouvinte — "discursos figurativos" hermenêuticos (a intercambialidade já era defendida desde Wilhelm von Lenz, o entusiasta de Beethoven, contra a acusação de que ela significaria a bancarrota da hermenêutica poetizante) e um programa pretendido pelo compositor e apreendido em palavras: um "exemplo" de um "conceito geral" seria tão "arbitrário", para falar com Schopenhauer,[15] quanto o outro. A intercambialidade, no entanto, não quereria dizer de modo algum — como na relação lógica entre o universal e o particular — que o elemento metafórico nada seria.

---

13 Lucas 23,43. [N. T.]
14 Richard Wagner, *Gesammelte Schriften und Dichtungen*, vol. IX, 1914, p. 92.
15 Arthur Schopenhauer, *Sämtliche Werke*, vol. II, 1900, p. 260.

Ela seria decerto meramente exemplar, não obrigatória, mas nem por isso supérflua nem inadequada.

> Lembro aqui de um conhecido fenômeno de nossos dias, que parece no mínimo incômodo para a nossa estética. Vivenciamos recorrentemente como uma sinfonia beethoveniana requer para alguns ouvintes um discurso figurativo, embora uma compilação dos diversos mundos figurativos produzidos por uma peça sonora possa ser fantasticamente colorida e até mesmo contraditória: exercitar sua pobre espirituosidade em tais compilações e ignorar o fenômeno verdadeiramente digno de explicação são com efeito coisas típicas dessa estética. Até mesmo quando o poeta dos sons falava por intermédio de figuras de uma composição, quando ele designa uma sinfonia como *Pastoral* e um movimento como "Cena à beira de um regato", outro como "Alegre reunião dos camponeses", trata-se igualmente de representações alegóricas nascidas da música — e não algo que é objeto de imitação na música —; representações que não podem nos instruir em nenhum aspecto acerca do conteúdo dionisíaco da música [isto é, acerca de sua essência metafísica].[16]

A generosidade com que Nietzsche trata tanto da hermenêutica secundária quanto do elemento programático primário advém de seu ponto de vista sobre a irrelevância de ambos.

Sob as premissas da estética de Schopenhauer e da de Nietzsche, o único argumento contrário à música programática que atingiu um nervo reside na afirmação de que uma obra, por ser frágil a coesão musical interna, necessitaria de um suporte literário exterior para não se desfazer. (Se, por outro lado, se parte dos princípios de Franz Brendel

---

16 Friedrich Nietzsche, *Werke in drei Bänden*, vol. I, 1954-1956 [1966], p. 42.

e, portanto, da tese de que o programa de um poema sinfônico pertenceria à obra enquanto objeto estético, então a objeção mencionada perde em substância: ela é, portanto, dito de forma resumida, tão inadequada quanto seria a constatação de que uma obra vocal permaneceria incompreensível sem o texto.)

Se, na definição de Otto Klauwell, a música programática, "sob a renúncia às leis de constituição da forma musical, acomoda as normas de seu desenvolvimento seguindo os passos das considerações extramusicais",[17] então é compreensível que Richard Strauss tenha abandonado o termo "música programática": "não há, a saber, uma assim chamada música programática. Esse é um impropério na boca de todos aqueles que não conseguem pensar em nada por conta própria". As formas novas, que alguém como Otto Klauwell não compreende e cujo caráter artístico ele por isso nega, foram atribuídas por ele à influência adversa de circunstâncias extramusicais. Em contraste, Strauss insistia que seria estúpido pôr de lado o que há de não esquemático como "sem forma" em vez de perseguir uma lei individual da forma e que nem a existência nem a não existência de um programa diz sequer o mínimo sobre a lógica musical interna de uma obra — ou sobre suas falhas. "Um programa poético pode muito bem incitar novas constituições de forma, porém, onde a música não se desenvolve logicamente a partir de si mesma" — onde, portanto, o programa deve cumprir funções substitutivas —, "ela se torna 'música literária'."[18] Portanto, é indiferente se um programa foi efetivo como "estímulo" ou não: em peças relevantes, a lógica musical aparece como a coesão fechada em si, que não necessita de, nem tolera, um suporte de fora. Se a forma musical — segundo Schopenhauer e Nietzsche — deve va-

---

17 Otto Klauwell, *Geschichte der Programmusik*, 1910, p. 77.
18 Richard Strauss, *Betrachtungen und Erinnerungen*, 1957, p. 211.

ler como "forma da essência" (com um programa como reflexo do mundo da aparência) — e não como "forma da aparência" (com um conteúdo programático como substância), então ela deve estar fundamentada em si. O "em-si interior" da música programática — que "não há" — é a [música] absoluta.

As cartas a Max Marschalk, em que Gustav Mahler em 1896 refletia sobre o sentido do programa ou sobre os esboços de títulos para a primeira e a segunda sinfonia, são documentos eloquentes dos embaraços em que uma teoria da música programática sob o signo da estética schopenhaueriana deveria incorrer quase inevitavelmente. Mahler distingue entre programa "exterior" e "interior". O exterior pode cumprir tanto a função de estimular na concepção de uma obra como a de uma diretriz para sua recepção. "No terceiro movimento (*marcia funebre*)" — ele se refere à primeira sinfonia — "ocorreu, entretanto, que recebi um estímulo exterior através da conhecida figura infantil (*Das Jägers Leichenbegängnis* [O funeral do caçador])."[19] Mas a essa altura torna-se irrelevante o que é exibido — importa somente a disposição anímica que deve ser trazida à expressão."[20] "Assim, de toda forma é bom, num primeiro momento, ao que meu estilo possa causar estranhamento, que os ouvintes disponham de algumas placas dando direção e de indicadores de distância" — programáticos — "durante a viagem [...]. Porém, mais do que isso uma tal explicação não pode oferecer."[21] Os "indicadores de distância" servem como meio para o fim de se alcançar uma compreensão internamente musical; e cumprem sua

---

19 Trata-se de uma imagem entalhada em madeira por Moritz von Schwind (1804-1871), em que aparecem figuras de vários animais em procissão fúnebre carregando o féretro. [N. T.]
20 Gustav Mahler, *Briefe*, 1924, p. 185.
21 Ibid., p. 188.

função de maneira meramente provisória: "num primeiro momento". Contudo, se o programa, colocando-se desde fora como diretriz para a recepção — e Mahler o diz de maneira inequívoca —, não alcança a verdadeira essência da música, então o mesmo também vale evidentemente para o programa externo como estímulo para a composição: esteticamente ele é "irrelevante". Ainda que atue, como diria Wagner, como "motivo formal", o programa não pertence — como um andaime que se desmonta assim que a casa que ele ajudou a erigir é acabada — à "coisa mesma". De uma função mediadora no surgimento da obra, ele passa a atuar, portanto, como uma heurística de sua recepção: se, de um lado, aparece como momento superado, de outro, aparece como veículo provisório.

Se o programa "exterior" se apresenta como sequência de figuras, então o [programa] "interior" é um "curso da sensação",[22] embora este fuja ao alcance das categorias empírico-psicológicas. "Minha necessidade de me expressar musical-sinfonicamente começa primeiro ali onde reinam as sensações *obscuras*, no portão que conduz ao 'outro mundo': o mundo em que as coisas não mais ruem pelo tempo e pelo local."[23] Contudo, que elas não pertençam "nem ao espaço nem ao tempo" é, segundo Wagner (cujo *Beethoven-Abhandlung* [Ensaio sobre Beethoven] Mahler indubitavelmente conhecia), a essência interior da música enquanto "harmonia"; somente "através da ordenação rítmica de seus sons o músico, por conseguinte, entra em contato com o mundo plástico visível".[24]

"Nomeei", escreveu Mahler sobre a segunda sinfonia, "o primeiro movimento de 'festa fúnebre' [*Totenfeier*] e, se

---

22 Ibid., p. 185.
23 Ibid., p. 187.
24 Richard Wagner, *Gesammelte Schriften und Dichtungen*, vol. IX, 1914, p. 76.

você quiser saber, assim é o herói de minha sinfonia em ré maior, que ali levo ao sepulcro, e cuja vida eu, a partir de um ponto de vista mais elevado, capturo em um espelho puro. Ao mesmo tempo, eis a grande pergunta: por que viveste? Por que sofreste? Seria isso tudo somente uma grande e terrível brincadeira?"[25] O "herói" não é nem o "titã" de Jean Paul, que nomeia o programa da primeira sinfonia, nem o próprio Mahler, mas antes, como reconheceu Hermann Danuser,[26] muito mais um "sujeito estético" da música que — assim como o "narrador" no romance ou o "eu lírico" no poema — pertence à existência estética da própria obra. Ele não deve — se quiser evitar uma deformação da experiência estética — ser identificado nem com o herói do modelo literário nem com a pessoa empírica do compositor; tanto o "estímulo exterior" através de um quanto a experiência da substância do outro foram igualmente superados na forma musical que, segundo Schopenhauer, retrata o "em-si interior do mundo". Não se deve buscar de maneira nenhuma o programa "interior" em um conteúdo [*Gehalt*] apreensível de modo biográfico-documental — que pertence muito ao estofo consumido através da forma musical —; ele consiste, antes, em um "curso da sensação" a partir de sentimentos *in abstracto*. O contexto a partir do qual a ideia de um programa "interior" pode se tornar compreensível é, portanto, a metafísica romântica da música instrumental. Os sentimentos separados da empiria formam a substância, e através de sua "sacralização" — na estética de Wackenroder e de Weisse — a música "absoluta" se eleva ao pressentimento do "absoluto" e se esquiva da suspeita de ser "forma vazia".

---

25 Gustav Mahler, *Briefe*, 1924, p. 189.
26 Hermann Danuser, "Zu den Programmen von Mahlers frühen Symphonien", em *Melos/Neue Zeitschrift für Musik*, 1975, p. 15.

Música absoluta e *poésie absolue*

Em *Sugestões para a promoção de uma hermenêutica musical* de 1902 — uma tentativa de fundar teoricamente a práxis exegética do *Führers durch den Kozertsaal* [Guia pela sala de concerto] recorrendo à doutrina dos afetos do século XVIII —, Hermann Kretzschmar escreveu: "No sentido de um conteúdo meramente musical, não existe música absoluta! Ela é um absurdo tal qual o é uma poesia absoluta, isto é, uma poesia metrificada e rimada, mas sem pensamentos".[1] Não se sabe, nem é necessário que se decida a respeito, se Kretzschmar pensou nos poemas de Stéphane Mallarmé ou se quis demonstrar o absurdo do princípio da música absoluta evocando uma analogia que tomava por irreal (pois ele nada sabia acerca de sua realização no simbolismo). No entanto, parece também proveitoso seguir a comparação que ele esboçou, mesmo quando, em oposição a Kretzschmar, estejamos convencidos da efetividade histórica e do direito estético à existência tanto da música absoluta quanto de uma *poésie absolue*. (*Poésie absolue* é como Paul Valéry denominou a *poésie pure* de Mallarmé.)[2] Sem depositar esperanças demasiadas em um "esclarecimento recíproco das artes", como Oskar Walzel proclamou meio século antes, podem-se descobrir relações que não se esgotam em um jogo de palavras entre as representações do século XIX acerca do essencialmente "poético" e as ideias da mesma época sobre o caráter artístico da música.

---

1 Hermann Kretzschmar, *Gesammelte Aufsätze über Musik*, vol. II, 1911, p. 175.
2 Ernst Howald, "Die absolute Dichtung im 19. Jahrhundert", em *Zur Lyrik-Diskussion*, 1966, p. 47.

Entretanto, a tentativa de concatenar a estética musical romântica e a poética simbolista tem de lidar com uma dificuldade metodológica que só se deixa contornar se, desde o início, em vez de se afirmarem as dependências histórico-factuais — palpáveis filológico-historicamente —, ficarmos restritos à apresentação de uma concordância histórico-estrutural. Pois, assim como Werner Vordtriede foi pouco afortunado no livro *Novalis und die französischen Symbolisten* [Novalis e os simbolistas franceses] ao explicar a "semelhança surpreendente" entre as tendências poetológicas do romantismo alemão no início do século [XIX] e o simbolismo francês do final do século [XIX] como uma dependência real-histórica — sendo o ensaio sobre Novalis de Carlyle, de 1829, um elo de ligação débil e frágil —,[3] seria igualmente inútil o esforço de se procurar por uma conexão documentalmente sólida entre os princípios da música absoluta e a *poésie absolue*. Para a construção hipotética de uma dependência entre a poética de Baudelaire e de Mallarmé e as premissas estético-musicais não basta que a "ideia da música absoluta" — sem o termo — apareça em E. T. A. Hoffmann e que o termo — sem a ideia — apareça em Richard Wagner, ainda que precisamente Hoffmann e Wagner estejam entre os raros alemães influentes na cultura francesa do século XIX. E citar o "espírito do tempo" [*Zeitgeist*], que se impõe como uma substância comum entre as diversas artes sem que o saibam os agentes históricos, significaria recorrer a uma corrente metodológica da qual há muito tempo ninguém mais espera encontrar suporte. (É, com efeito, indubitável o fato de que a expressão *poésie absolue* de Valéry inclui uma reminiscência do conceito de música absoluta que no século XX se tornou um lugar-comum; mas a criação posterior do termo nada

---

3 Werner Vordtriede, *Novalis und die französischen Symbolisten*, 1963, p. 41.

diz acerca das implicações estético-musicais da ideia poetológica para a qual Mallarmé originariamente, já desde 1863, se utilizou da expressão *poésie pure*, que permaneceu dominante até o presente.)

Se, dessa maneira, a semelhança do termo é de todo secundária e dificilmente torna plausível uma dependência real-histórica dos teoremas entre si, pode ainda ser esclarecedor tornar consciente a afinidade das formas estéticas de pensamento na literatura e na música e nisso descobrir uma explicação do porquê de a substância da música artificial ser buscada no "poético" e, pelo contrário — segundo o dito famoso de Walter Pater de que a poesia ansiaria secretamente por tornar-se música —, de a essência da poesia pura ser buscada no "musical" sem que, no primeiro caso, a literatura real fosse referida, e, no segundo, a música real, no sentido de um modelo concreto. No entanto, o esboço das concordâncias estruturais entre a estética musical e a teoria poética serve sobretudo como apoio para a afirmação de que o conceito da música absoluta — o paradigma estético que, na Alemanha, desde a sinfonia e o quarteto de cordas até o drama musical, dominou a opinião do que a música seria "em-si" — foi uma ideia secular que representou o sentimento artístico de todo um século.

1. Em um ensaio sobre o *Jüngste Entwicklung der internationalen Lyrik* [Desenvolvimento mais recente da lírica internacional], sobre o "poema concreto, experimental, visual, fonético", Pierre Garnier citou — à procura de antecipações históricas ou premonições que permitam reconhecer uma tradição dos modernos — um fragmento de Novalis do ano de 1798:

Se ao menos se pudesse fazer as pessoas entenderem que a linguagem seria como o que ocorre com as fórmulas matemáticas. Elas constituem um mundo para si — jogam somente consigo mesmas, não expressam nada senão sua natureza maravilhosa e por isso mesmo são tão expressivas —, e por isso mesmo espelha-se nelas o peculiar jogo de relações das coisas.[4]

Na mesma época, Tieck, nas *Fantasias sobre a arte*, publicadas em 1799, exalta a sistemática sonora musical como "mundo à parte por si mesma".[5] E até nos pormenores da formulação e do ritmo da sentença a teoria da linguagem que Novalis delineou assemelha-se a um ditirambo de Tieck acerca da sinfonia na qual a música, independentemente de textos e funções, chegaria a si mesma. "Contudo, na música instrumental [à diferença da música vocal] a arte é independente e livre, só ela prescreve suas leis para si mesma, ela fantasia brincando e sem finalidade, e mesmo assim cumpre e alcança o supremo, segue inteiramente seus instintos obscuros e expressa o mais profundo, o mais maravilhoso, com seus flertes."[6] No início do romantismo alemão o sonho da poesia absoluta foi almejado concomitantemente ao da música absoluta. A defesa do princípio da imitação — a exigência de que a música, enquanto pintura sonora, deveria descrever algo de exterior ou, enquanto representação afetiva, deveria descrever algo da natureza interior, para não permanecer um ruído vazio e que nada diz — caminhou paralelamente ao ponto de vista poetológico de que na poesia lírica, enquanto poesia "verdadeira", a linguagem seria a substância e não o mero veículo de

---

4 Pierre Garnier, "Jüngste Entwicklung der internationalen Lyrik", em *Zur Lyrik-Diskussion*, pp. 451-2.
5 Wilhelm Heinrich Wackenroder, *Werke und Briefe*, 1967, p. 245.
6 Ibid., p. 254.

pensamentos ou sentimentos; de que a poesia, tal como Mallarmé expressou mal-humoradamente contra o pintor Edgar Degas (que era diletante na literatura), seria feita a partir de palavras e não de ideias.

Novalis não diz outra coisa da linguagem poética senão o que a estética musical romântica da música instrumental afirmava: justamente porque ela formaria um "mundo à parte por si mesma", seria a metáfora do universo, o órganon da metafísica. Na medida em que se estabelece como "absoluta", arrancada das condicionalidades empíricas, ela torna-se a expressão do "absoluto". Em todo caso, a tese de que a música instrumental teria sido o modelo para a teoria da linguagem seria sem dúvida um exagero que distorce um efeito recíproco, transformando-o em uma dependência unilateral. (Poder-se-ia, na busca por prioridades, inclusive afirmar que a doutrina estético-metafísica, em que a arte autônoma, justamente por sua "separação" das funções empíricas e dos afetos, representaria uma metáfora da natureza no todo, teria sido desenvolvida por Karl Philipp Moritz entre 1785 e 1788 primeiro a partir do exemplo das artes plásticas.) Essa mesma ideia fundamental, cuja dialética está ligada ao duplo sentido da palavra "absoluto", mostra-se em diversas formulações, nas quais se interpenetram a tendência abrangente e geral, as premissas específicas das artes particulares e influências recíprocas.

Werner Vordtriede lembrava-se de um fragmento de Novalis que, após a descoberta do romantismo alemão pelos simbolistas, desde 1891, foi sempre citado como a evidência mais antiga de uma teoria poética moderna no sentido enfático. "Narrativas sem coerência, mas com associações como em sonhos. Poemas que simplesmente soam bem e são cheios de palavras belas, mas sem qualquer sentido e coerência — no máximo algumas estrofes compreensíveis —, como verdadeiros fragmentos de coisas as mais variadas. No máximo, a poesia verdadeira pode ter um sentido alegórico no conjunto e possuir um efeito indireto, como a música e assim por diante." Vordtriede constata: "Novalis não criou tais configurações de palavras. Seus conhecimentos adiantavam-se em muito à sua poesia prática".[7] No entanto, os poemas em prosa nos quais Wackenroder e Tieck, em *Fantasias sobre a arte*, buscaram descrever os efeitos da música absoluta[8] podem ser inteiramente compreendidos como realizações precoces do programa poetológico que Novalis delineou: eles são ao mesmo tempo e conjuntamente "narrativas sem coerência" e poemas "cheios de palavras belas, mas também sem qualquer sentido e coerência", no máximo com um "sentido alegórico no conjunto". E, pelo contrário, o fragmento de Novalis compõe um catálogo dos critérios com os quais se pode medir uma descrição musical que buscaria ser "puramente poética" no sentido do romantismo: ela não deve proceder nem "programaticamente" nem "caracteristicamente", e sim recolher palavras balbuciantes, a fim de, não obstante, dizer o verdadeiramente indizível; e por isso mesmo ela nada "diz" — segundo as normas da linguagem do dia a dia. Os poemas em prosa de Wackenroder e Tieck — reflexos do que se escutava na música absoluta — são tão remendados, associativos, oníricos e alegóricos quanto Novalis exigia. A "poesia pura", o ideal que o romantismo tinha em vista (e que Schiller desconfiava ser um "delírio") aparece como meio para expressar ou aludir à essência "puramente poética" da música absoluta.

Quase não é necessário mencionar que sempre houve na poesia versos isolados que cativavam mais por sua essência

---

[7] Werner Vordtriede, *Novalis und die französischen Symbolisten*, 1963, p. 170.
[8] Wilhelm Heinrich Wackenroder, *Werke und Briefe*, 1967, pp. 226-7 e pp. 236-7.

sonora do que pelo que diziam de compreensível ou sensível. O que se passou no romantismo — primeiro na teoria, em Franz Brentano, mas também na práxis poética — era novo de maneira apenas gradual e não no que se refere aos princípios. O deslocamento da acentuação bastou, contudo, para mudar profundamente a consciência do que em geral seria a poesia. (Poder-se-ia falar, à maneira dialética, de uma mudança da quantidade para a qualidade.) O momento "musical" da poesia se coloca não mais como ornamento ou acidente, mas como substância e essência.

Contrariamente, como foi apresentado em um capítulo anterior, a reivindicação da música instrumental, por ser levada a sério como a marca da "arte pura" em vez de ser descartada como ruído que nada diz, nutriu-se dos modelos na poesia, que guiaram uma nova consciência musical para uma formulação através da qual ela [a consciência] constituiu-se justamente como consciência musical. O prestígio metafísico da música absoluta teve origem na música instrumental através da transmissão do tópos poético da inefabilidade, uma transmissão cujo *locus classicus* é a passagem sobre o concerto de Carl Stamitz no *Hesperus* de Jean Paul. O *allegro* da sinfonia — o movimento principal —, antes sob a suspeita de ser mero ruído, adquiriu dignidade estética ao final do século XVIII, porque foi recebido no espírito das odes e da poética "neobarroca" de Klopstock. Ainda que fosse para Sulzer um ruído "não desagradável", mas que nada diz, Johann Abraham Peter Schulz — na *Allgemeine Theorie der schönen Künste* [Teoria geral das belas artes] de Sulzer — a exaltou como "sublime". O "sublinguístico" foi nobilitado como "supralinguístico".

A questão da parte genuinamente teórico-poética e estético-musical da ideia romântica da arte absoluta não é, portanto, de maneira alguma, sem objeto ou supérflua, apesar das interações recíprocas que se devem acentuar. Se o tópos da inefabilidade, uma das premissas da religião da arte, é a origem literária, então parece que o recurso à matemática, pelo qual Novalis esclarecia sua ideia de uma "linguagem puramente poética", como que residiria estético-historicamente na teoria musical em vez de na teoria poética: o pitagorismo é, também em sua apropriação e em sua deformação românticas, antes uma parte da estética musical. No entanto, é de particular importância o fato de que, por volta de 1800, existia uma música instrumental de qualidade, à qual uma estética da música absoluta pôde se filiar (ainda que através da reinterpretação do sentido estético originário da sinfonia clássica); de que, no entanto, a teoria de uma poesia absoluta na mesma época era essencialmente uma antecipação lúdica, que ali, onde se realizava experimentalmente e ao modo de tentativa nos poemas em prosa, aparecia na forma de paráfrases linguísticas da essência puramente poética da música absoluta. Pode-se admirar a audácia com a qual se esboçou a ideia de uma *poésie absolue* setenta anos antes de Mallarmé, como que no vácuo, mas não se pode ignorar que primeiro foi a música — a música instrumental clássica — que forneceu à teoria da arte absoluta uma substância real-histórica.

2. Com a ideia de que a linguagem, assim como a música, seria "um mundo à parte por si mesma", relaciona-se, tanto na teoria poética quanto na estética musical, uma tendência a abandonar a expressão sentimental, isto é, o momento em que o público burguês do século XVIII — quando não ansiava pelo edificante-didático — buscava a essência da arte. Friedrich Schlegel, que acreditava ter descoberto uma afinidade da música instrumental pura com a meditação filosófica, associou seu ponto de vista de que a forma musical seria um processo do pensamento a uma polêmica contra o "ponto de vista banal da assim chamada naturalidade": o ponto de vista sob o qual a música

apareceria como "mera linguagem das sensações".[9] E na teoria poética, foi Edgar Allan Poe quem separou abruptamente a "pura elevação" [*the pure elevation*], que deveria ser alcançada através da poesia, da "excitação do coração" [*the excitement of the heart*], que deveria permanecer excluída.[10] (A *Philosophy of composition* [Filosofia da composição] de Poe representa, por assim dizer, o documento de fundação da *poésie pure*, e é dele, e não de Novalis, que parte um efeito histórico em Baudelaire e Mallarmé.) Mas a oposição entre "*excitement*" e "*elevation*" — assim como o ansiar pelo efeito artístico puro e libertado da "poluição material" (August Schlegel) das sensações cotidianas — lembra o contraste entre a estética do sentimento da *Empfindsamkeit* e a metafísica romântica da música instrumental. A estética musical esotérica do final do século XVIII — na qual a disposição anímica sublime que um *allegro* sinfônico desencadeia (como uma "ode pindárica") foi diferenciada da mera comoção do coração, da qual uma simples canção já é capaz — apoiou-se, como foi dito, na teoria poética de Klopstock, mas também repercutiu, como parece, na poética do século XIX. (Falar de uma dependência seria, entretanto, um exagero; basta que o pensamento de uma música absoluta, livre de finalidades e afetos, sem que por isso seja algo vazio, mas sim sublime, pertença ao "conhecimento de base" através do qual os apoiadores de uma *poésie pure* puderam se sentir fortalecidos.)

A poesia absoluta, assim como a música absoluta, é esotérica: aparece como questão de uma vanguarda que, por assim dizer, constantemente foge do banal, pelo qual se vê cercada. E, como mostram os ataques contra

---

9 Friedrich Schlegel, "Charakteristischen und Kritiken I", em *Kritische Friedrich-Schlegel-Ausgabe*, vol. II, 1967, p. 254.
10 Ernst Howald, "Die absolute Dichtung im 19. Jahrhundert", em *Zur Lyrik-Diskussion*, 1966, p. 62.

o sentimento desde Novalis e Friedrich Schlegel, o "pleno de sentimento" era o que se acreditava estar exposto ao máximo à trivialização. (O medo de se cair no kitsch, que torturava a consciência estética de vanguarda, não é, no entanto, simplesmente o outro lado do esoterismo, mas sim parece significar que o kitsch, a mecanização do "pleno de sentimento", constituía a forma de decadência de um ideal, ao qual secretamente, apesar de todas as doutrinas de *l'art pour l'art*, sempre se aspirou: o ideal da simplicidade original. Temia-se o passo da simplicidade para o mecânico, e o da expressão sincera de si para uma sentimentalidade de fachada: um passo que constitui uma das pequenas diferenças que importam.)

3. Com a tendência ao esoterismo, ao rechaço do *profanum vulgus*, estabelece-se entre os poetas da *poésie pure* uma ligação do fastio ante uma linguagem desgastada e "maculada", pois todos se utilizam dela no cotidiano. E foi na música que se acreditou descobrir uma "matéria pura" como a que se sonhava para a poesia. Em um ensaio datado de 1862, *L'art pour tous* [A arte para todos], Mallarmé polemizou contra a "vulgarização da arte" [*vulgarization de l'art*]: a arte deveria permanecer um segredo. E lamentou que a poesia, à qual todos acreditavam ter acesso, carecesse do caráter hieroglífico que a música possuía por sua notação.

Quase não é preciso dizer que a ideia de uma "matéria pura" da música é uma ilusão que repousa na abstração violenta de seu caráter histórico e social: as locuções musicais não estão menos expostas ao desgaste e à trivialização pelo uso cotidiano do que as linguísticas (é indescritível o que aconteceu com Debussy, um esotérico no sentido de Mallarmé, através da imitação de sua "sonoridade" na música cinematográfica; uma neutralização até virar clichê que acaba por ferir o original). Porém, o fato de o pensamento de uma "matéria pura" da música, por mais fictícia que possa ser, poder ter surgido e se tornado efetivo historicamente repousa sobre premissas da história das ideias, das quais, em seu ponto de convergência, surge a estética da música absoluta, cujo breve esboço não deveria ser algo supérfluo.

Na tradição estético-musical que no século XVIII estava ligada ao nome de Jean-Philippe Rameau buscava-se a origem da música — e isso significa, ao mesmo tempo, sua essência — na "harmonia", no "som natural", enquanto o partido de oposição, representado por Jean-Jacques Rousseau, entendia a música — e isso significa, antes de tudo, a melodia — como a imitação e a estilização de um discurso humano pleno de afetos. Contudo, o partido de Rameau associava ao "fenômeno originário" musical da tríade maior contida na série harmônica, que é oferecida pela natureza, e não produzida pelo ser humano, representações vagas da matemática musical e hieróglifos ressoantes: representações que podem ser observadas no *Cravo bem temperado* de Bach, obra que progride da evocação do som natural, no primeiro prelúdio, até o sentido contrapontístico profundo, na fuga. Em outras palavras, através da música ocorre um deslocamento em uma esfera apartada tanto da experiência cotidiana — da qual também se busca escapar na poesia — quanto dos sentimentos triviais com os quais a "poluição material" parecia estar conglutinada. No entanto, o recurso ao som natural — mesmo que ainda não em Rameau, mas somente no romantismo — funda antes de tudo uma estética da música instrumental enquanto "arte sonora pura e absoluta", em oposição à dedução de Rousseau da música a partir do discurso passional, uma dedução a partir da qual resultou primeiro uma estética da música vocal. E, desde 1800, a teoria da música absoluta foi o complexo de ideias em que foram misturadas entre si as representações do som natural, da "matéria pura", da instrumentalidade, do cálculo matemático e do distanciamento entre a *l'art pour l'art* e os sentimentos e os afetos. (O anseio estético-artístico-religioso por uma matéria "pura" oferecida pela natureza, e não elaborada pelo ser humano, foi tão poderoso no século XIX que a teoria musical nunca se descolou da ideia de que a harmonia tonal da modernidade estaria fundada no som natural, apesar de algumas objeções — de que, em primeiro lugar, a série harmônica produziria, além da tríade maior, também elementos inutilizáveis musicalmente com a mesma "naturalidade" e de que, em segundo lugar, a estrutura dos acordes permite, sim, uma dedução física, mas não o seu encadeamento, que é o que importa — objeções estas que, de tão óbvias, foi preciso uma forte resistência interior para que não penetrassem na consciência.)

4. A representação de que um poeta evocaria o "maravilhoso" justamente porque ele nada seria senão um "engenheiro literário" advém da mesma raiz na história das ideias que o anseio por uma "matéria pura" na linguagem e na música. Contudo, o *quid pro quo* de mecânica e magia — de espírito artesanal e significância metafísica — tão característico de E. T. A. Hoffmann e Edgar Allan Poe como, mais tarde, de Mallarmé e Valéry, advém, como parece, da estética musical romântica do final do século XVIII, a partir da qual se transformou em poética em Hoffmann. (Poder-se-ia sem dúvida restabelecer um fio na história das ideias que remontaria ao pitagorismo, mas faltaria aos estágios iniciais o sentimento de discordância e contradição.) Trata-se de um dos motivos poético-filosóficos centrais de Wackenroder, em cuja novela sobre Joseph Berglinger a discordância entre a "maravilha da arte sonora" e os meios para sua invocação determinam a "forma

interna" de uma novela. Em um dos ensaios que refletem a temática da narração como registro fictício de Berglinger lê-se: "Afinal, de que poção mágica sobe o aroma dessa deslumbrante aparição espiritual? Eu olho e não encontro nada senão uma trama deplorável de proporções numéricas, tangivelmente apresentadas sobre madeira talhada, sobre estruturas de cordas de fibra e fios de latão".[11] (O fato de que o entusiasmo de Novalis pelo matemático na música e na poesia apareça de maneira contida é em parte algo presente na estrutura da novela, e em parte algo que está fundado em uma inclinação de Wackenroder pela *Empfindsamkeit*.) E mais tarde, no ensaio *Das eigentümliche innere Wesen der Tonkunst, und die Seelenlehre der heutigen Instrumentalmusik* [A essência própria da arte sonora e a doutrina da alma da música instrumental atual], lê-se:

> Por isso nenhuma outra arte possui uma matéria básica que já teria sido em si impregnada de um espírito tão celestial como a música [...]. Disso segue que algumas peças sonoras — cujos sons foram compostos por seus mestres como números em um cálculo ou como peças de um mosaico, de maneira meramente correta, mas rica em sentidos e em uma hora feliz —, quando praticadas em instrumentos, recitam uma poesia magnífica e plena de sensações, ainda que o mestre possa ter pensado pouco a respeito de que, em seu destro trabalho, o gênio encantado no reino dos sons, para o sentido consagrado, tão magnificamente haveria de bater suas asas.[12]

Não extrair nada do texto senão a concepção de que o conhecimento da fórmula bastaria para invocar a *poésie* musical — uma poesia da qual o compositor nada precisa

---

[11] Wilhelm Heinrich Wackenroder, *Werke und Briefe*, 1967, p. 205.
[12] Ibid., p. 221.

saber e que só se abre para o entusiasta receptor — seria sem dúvida uma abreviação do que Wackenroder quis dizer. O problema que o rodeava, e que se faz notar mais claramente na estrutura da novela sobre Joseph Berglinger do que nos credos estéticos, consistia na dialética precária entre uma mecânica que continha em si o espírito da música e que — salvo em horas felizes — o tornava presa do pedantismo e um entusiasmo que captava de fato a "maravilha da arte sonora", mas que — salvo em horas felizes — era impedido de se tornar produtivo por uma carência de espírito artesanal. A mediação dos opostos aparece como a exceção de que necessitava um *kairós*; o fracasso pela unilateralidade, como regra que empresta à novela seu aspecto trágico. No entanto, na estética da *poésie pure* — cujo primeiro documento é a sobriedade forçada, o credo em uma doutrina literária de engenharia na *Filosofia da composição* de Poe — o entusiasmo, que é um lado da dialética de Wackenroder, é abandonado, e a relação entre a construtividade da qual emana a arte e o encanto que dela resulta é enfatizada de forma ainda mais enfática e desafiadora. E a metafísica, a que no final se reduziu à confiança romântica de que a construção do poético seria uma descoberta do ser, é a metafísica do nada de Mallarmé.

5. Em *Willen zur Macht* [Vontade de potência], de modo a incluir a si mesmo, Nietzsche disse: "É-se artista ao preço de se sentir o que todos os não artistas chamam de 'forma' como conteúdo, como a 'coisa mesma' ". A sentença famosa e provocativa é quase uma citação de uma tese não menos famosa e provocativa, de que as "formas sonoras em movimento" seriam o "único e exclusivo conteúdo e objeto da música". E ela expressa sem dúvida uma experiência estética fundamental dos "modernos" do século XIX: a experiência de que, na arte, a forma mesma é um

pensamento, em vez de ser mera forma de aparição de um pensamento ou de um sentimento. "É preciso ser um tolo" — reza um dito de Paul Valéry, que ele transmitiu a Valery Larbaud — "para não ver que a figura própria e identificada de uma frase (portanto, de um verso) é uma *Ideia* — tão importante, tão universal, tão profunda quanto a ideia no sentido ordinário".[13]

A estética da forma — que concebe a forma musical ou poética como essencial, como um processo espiritual a deixar sua marca no material em vez de deixá-lo de lado como mera forma de aparição de um conteúdo — foi primeiro e mais veementemente formulada na teoria da música instrumental, pois a música absoluta foi capaz somente de justificar esteticamente sua existência como forma. A música instrumental sem objeto ou função (só em parte compreensível como mera "linguagem das sensações") necessitou, para não aparecer como ruído agradável, mas vazio, de uma doutrina que a legitimasse, que partisse de pensamentos da forma essencial, da *energeia*, do "espírito que se configura de dentro para fora".[14] Com efeito, para a consciência do século XIX, a ideia da "forma interna" — quando se prescinde de um recurso à filosofia antiga, de onde, no século XVIII, Shaftesbury retirou a categoria — veio da filosofia da linguagem de Wilhelm von Humboldt; e não foi por coincidência que Hanslick, em sua fundamentação do pensamento de que a forma musical seria espírito e o espírito na música seria forma, referiu-se a Jacob Grimm, que compartilhava premissas essenciais da teoria linguística com Humboldt. Todavia,

---

13 Ernst Howald, "Die absolute Dichtung im 19. Jahrhundert", em *Zur Lyrik-Diskussion*, 1966, p. 70. Em francês no original: "*Il faut être un sot pour ne pas voir que la figure propre et trouvée d'une phrase or d'un vers est une Idée — aussi importante, aussi générale, aussi profonde que l'idée au sens ordinaire*". [N.T.]
14 Eduard Hanslick, *Vom Musikalisch-Schönen*, 1854. Reimp.: 1965, p. 34.

não se deve ignorar o fato de que a ideia na filosofia da música — sobretudo por meio de Nietzsche, que deu ênfase à doutrina sóbria de Hanslick — recebeu um páthos através do qual pôde influenciar, por sua vez, a teoria poética, e de fato de maneira mais efetiva do que sua forma linguístico-filosófica originária, como mostra o exemplo de Valéry, que indiscutivelmente leu Nietzsche.

O pensamento de que a forma artística seria a forma essencial e não a mera forma de aparição, de que ela deveria ser compreendida como "espírito que se configura de dentro para fora" e não como o "invólucro externo" de pensamentos ou sentimentos possibilitou, entretanto, duas interpretações diferentes, que coexistiram lado a lado na estética musical e na teoria poética do século XIX. Expressado por uma fórmula, esse pensamento significa que a forma [*Form*] ou constitui o conteúdo [*Inhalt*] ou o produz. Se o conteúdo consiste na forma, então ocorre tal como em Hanslick — com a determinação de que a forma musical enquanto conteúdo não implica nada além do fato de que o espírito, buscado no conteúdo em uma estética anterior, deveria ser encontrado na forma. "Conteúdo" queria dizer: o espírito, junto à temática, foi separado, e Hanslick reivindicou o espírito para a forma, prescindindo da temática. Em contraste, se, como na poética de Edgar Allan Poe, a forma linguística [*sprachliche Form*] — um "tom" vago que se tem em mente, que toma forma [*Gestalt*] em um material sonoro e, através do material, suscita palavras bem alinhavadas e, por fim, motivos do pensamento — produz o conteúdo, então se inverte completamente a representação tradicional do processo poético. "O que parece ser resultado, a 'forma', é a origem do poema; o que parece ser origem, o 'sentido', é o resultado."[15]

---

15 Hugo Friedrich, *Die Struktur der modernen Lyrik*, 1956, p. 38.

6. "O objeto supremo do mundo e a justificação de sua existência [...] não poderia ser senão um Livro."[16] A sentença de Valéry, em que a metafísica da arte alcança um extremo, é a expressão do que pensava e ambicionava Mallarmé. O fato de que a substância do mundo estaria destinada a ser absorvida pelo livro do poeta — como uma apropriação secularizante da metáfora do mundo como livro — foi a presunção elevada de onde surgiu a teoria da *poésie pure*. É indiscutível, no entanto, que a formulação de Valéry — e não o pensamento de Mallarmé — fora influenciada pelo dito de Nietzsche de que "a existência [*Dasein*] do mundo somente se justifica como fenômeno estético".[17] E Nietzsche, ao falar, no mesmo contexto, da arte como a "atividade verdadeiramente metafísica do ser humano", referia-se à música: a arte de Richard Wagner, interpretada no espírito da filosofia schopenhaueriana.

Contudo, não são as dependências cuja reconstrução permanece vaga que são decisivas, mas as correspondências que abertamente vêm à tona. Pois, no fundo, o fato de que, na mesma época, tanto na poesia quanto na música, a tendência ao retorno às formas puras se funde com uma exigência metafísica, através da qual a arte ocupara justamente o lugar da religião, é mais estranho e conspícuo do que seria a mera transmissão de um teorema estético de um âmbito para outro.

O fato de que a arte possa ser um processo de abstração que consiste na dissolução progressiva do conteúdo é algo também reconhecido por Hegel e decerto na teoria da música instrumental. E é igualmente uma tese hegeliana

---

16 Ernst Howald, "Die absolute Dichtung im 19. Jahrhundert", em *Zur Lyrik-Diskussion*, 1966, p. 70. Em francês no original: "*Le suprême objet du monde et la justification de son existence* [...] *ne pouvait être qu'un Livre*". [N.T.]

17 Friedrich Nietzsche, *Werke in drei Bänden*, vol. I, 1954-1956 [1966], p. 14.

o fato de que o distanciamento gradual do positivo e do substancial, o recuo no interior e formal, representaria um estágio necessário na história do espírito, que em última instância seria história da religião. No entanto, Hegel, que não quis prescindir da primazia das palavras bem alinhavadas face ao pressentimento sem forma, teria sido surpreendido pela consequência de a arte receber dignidade metafísica justamente pelo recuo na "interioridade vazia", que segundo Hegel é o cenário da música absoluta e que chegou a si mesma. O paradoxo de que o recolhimento significaria elevação é a dialética na base tanto da *poésie absolue* como da música absoluta.

A ideia da música absoluta (1982)[1]

Se o conceito de obra, o "paradigma" de uma estética musical abstraída da música artificial da era moderna europeia, não estava desenvolvido por volta de 1300, mesmo que estivesse delineado de maneira latente, então o apontamento da categoria, que enquanto ideia da "música absoluta" se tornou o princípio estético dominante do século XIX, era, por volta de 1800 e proveniente de uma constelação histórica na qual se ataram os fios dos motivos empírico-musicais, filosóficos e literários, ainda mais estranhamente confuso que na situação problemático-histórica de um aristotelismo aplicado de modo teórico-musical por volta de 1300.

Quando se parte das intenções de Immanuel Kant, é sem dúvida uma incompreensão grave que a determinação filosófica do belo de Kant — a partir da qual a fórmula do "aprazimento desinteressado" [*interesseloses Wohlgefallen*] foi acolhida na conjuntura da estética popular — tenha sido aproveitada como doutrina de justificação do "absoluto", isto é, da música separada do ético, do pragmático-funcional e de objetivos e interesses do conhecimento. Kant, afinal, nunca pensou em equiparar a teoria do belo a uma filosofia da arte. O fato de separar conceitualmente ética e estética não quer dizer de maneira alguma que ele julgasse a arte de forma exclusivamente estética e excluísse os pontos de vista éticos. Ao contrário: para Kant, a arte enquanto

---

1   Este texto não faz parte do livro *A ideia da música absoluta* (1978). Sua inclusão na presente edição é discutida no texto de apresentação do tradutor. Subitem do artigo "Estética e estética musical" (Carl Dahlhaus, "Ästhetik und Musikästhetik", em *Systematische Musikwissenschaft* (Neues Handbuch der Musikwissenschaft, vol. 10, 1982, pp. 81-108). [N. E.]

"cultura" jamais se esgota no ser "belo". E uma música que não fosse nada além disso deveria admitir a acusação de ser "decerto mais gozo que cultura".

No entanto, na história das ideias, a incompreensão foi significativa, e de fato não apenas como "exegese filosófica" secundária de uma "experiência musical" anterior, que há muito se estabeleceu firmemente como fato da percepção antes de toda filosofia. Parece muito mais que a deformação da intenção de Kant teria se transformado num sentido palpável "historicamente eficaz", na medida em que confere a uma forma intuitiva musical, que amadureceu gradualmente na história da composição e da recepção do final do século XVIII, uma linguagem filosófica, sem a qual o sentimento musical teria permanecido em silêncio e, portanto, parcialmente latente: o pensar "na" música, para chegar à consciência de si mesmo, requer em certa medida o pensar "sobre" a música. Ou, expresso de outra maneira: a percepção musical não é "autárquica", mas é em parte influenciada e determinada em conjunto com as formas filosóficas e literárias que uma época tem à disposição, o que ainda pode ser sentido no desprezo da "estética dos filósofos" — a saber, como consequência de um espírito do tempo "positivista".

Ao lado das premissas filosóficas estavam as literárias, que desde o ano da aparição da *Crítica da faculdade de julgar* (1790) de Kant foram incorporadas ao complexo de pensamento que, no século XIX, enquanto ideia da música absoluta, tornou-se a doutrina estético-musical dominante da época. O "tom" adotado por Jean Paul em partes isoladas do capítulo da música do romance *Hesperus* (1795) foi transmitido em 1797 a Wackenroder e Tieck em uma enfática linguagem estético-musical que assumiu então, em 1810, na resenha de E. T. A. Hoffmann sobre a *Quinta sinfonia* de Beethoven, a forma de uma metafísica da música instrumental: uma teoria encerrada em si apesar de seu aspecto aforístico exterior, que, como estética musical romântica, dominou o século inteiro e inclusive influenciou profundamente — através da mediação de Arthur Schopenhauer — a teoria do drama musical de Wagner (após 1854). Independentemente de se celebrar a interpretação que E. T. A. Hoffmann fez de Beethoven como descoberta ou de se rejeitá-la como um "mal-entendido romântico",[2] é certo que a metafísica da música instrumental se tornou efetiva historicamente na práxis composicional do final do século XIX. A tese fundamental para o conceito de música absoluta — de que a música, justamente pela "separação" de funções socialmente determinadas e de afetos e sentimentos bem definidos e apreensíveis empiricamente, se tornaria um "órganon da filosofia" (Schelling), que possibilitaria um "pressentimento do infinito e do absoluto" — foi de certo modo "colocada em ato" musicalmente por Brahms bem como por Bruckner. A ideia do sinfônico, que Bruckner realizava em diferentes manifestações "do mesmo" protótipo, não seria concebível — como reconheceram August Halm e Ernst Kurth — sem o pensamento de que a música instrumental (que no século XVIII era vista ainda como um modo mais deficiente da música vocal) seria uma metafísica sonora (sem que se precisasse por isso reconhecer em Bruckner um "filósofo", que ele, como pessoa privada, não era).

A evolução do conceito musical de obra para a ideia da música absoluta surgiu de uma barafunda quase labiríntica de circunstâncias: de uma incompreensão da teoria do belo de Kant; de uma experiência musical de Wackenroder e Tieck marcada primeiro literariamente (através de Jean Paul), mas empiricamente ainda não consolidada; de uma "redenção" da metafísica da música instrumental na teoria

---

[2] Arnold Schmitz, *Das romantische Beethovenbild: Darstellung und Kritik*, 1927.

estética ainda antecipatória de Tieck por meio da música de Beethoven, cuja concepção do sinfônico recebeu de E. T. A. Hoffmann uma interpretação inspirada por Wackenroder e Tieck que não coincidia de modo algum com as intenções dos compositores, mas que influenciou profundamente a história da composição do século XIX. E a conexão que existe apesar da aparência de casualidade é em princípio interpretável como o "padrão básico" coeso em si do pensar estético-musical da época. Porém, dificilmente se pode explicar a "unidade interna" na situação científico-histórica atual como unidade substancial de um "espírito do tempo" onipresente à maneira do método histórico-espiritual cuja decadência talvez fosse irrevogável.

Todavia, se se adere à hipótese de que um "padrão básico" estético-musical existe — e sem tal suposição não seria possível uma estética musical (relativa à música artificial da modernidade europeia) enquanto disciplina parcial de uma musicologia sistemática —, então não resta nada a fazer senão derivar da "estrutura superficial" caracterizada por uma "diversidade de respostas" uma "estrutura profunda" que torna visível uma "unidade da pergunta". Pode-se de fato, como foi dito, descrever, como empirista rigoroso, o surgimento da ideia da música absoluta por volta de 1800 como um novelo de acasos históricos que mal se resolvem, mas também se pode partir, sob premissas histórico-estruturais, do pensamento de uma unidade fundamental da problemática estético-musical em voga na época: uma problemática que, a partir de pressupostos divergentes — da determinação formal do belo na *Crítica da faculdade de julgar* de Kant, da apropriação estético-musical do "tópos do indizível" literário e da ideia de Beethoven de um compor "com" (e não "nas") formas musicais, como meio de "trazer ao dizer" a música sem suportes literários —, desafiava a se reunir, e às vezes também a forçar a união dos momentos parciais de uma solução. O fato de que uma "atração" parta de um problema em aberto — que não precisa sequer ter um nome para ser atual e efetivo no sentimento de uma época —, atração essa que permite congregar pressupostos históricos heterogêneos em uma "configuração", é, em todo caso, sem que o traço especulativo da tese tenha de ser negado, uma conjectura mais real que a premissa do método histórico-espiritual de que, a partir de uma ideia bem delineada ou de uma "substância espiritual", "surgem" os atributos e as estruturas característicos de uma época.

Referências bibliográficas

ADORNO, Theodor W. "Fragment über Musik und Sprache". In: *Quasi una Fantasia*. Frankfurt am Main: Suhrkamp, 1963, p.11.

ALEWYN, Richard. "Wackenroders Anteil". *The Germanic Review*, v. 19, n. 1, 1944, pp. 48-58.

BARTH, Karl. *Die protestantische Theologie im 19. Jahrhundert*, vol. II. Hamburgo: Theologischer, 1975.

BECKING, Gustav. "Zur musikalischen Romantik". *Deutsche Vierteljahrsschrift für Literaturwissenschaft und Geistesgeschicht*, v. 2, 1924, pp. 581-611.

BEKKER, Paul. *Die Sinfonie von Beethoven bis Mahler*. Berlim: Schuster & Loeffler, 1918.

BESSELER, Heinrich. "Mozart und die Deutsche Klassik". *Bericht über den internationalen musikwissenschaftlichen Kongress Wien 1956*. Graz, 1958. pp. 47-54.

BLOCH, Ernst. *Geist der Utopie*. Berlim: Paul Cassirer, 1923.

BÜLOW, Hans von. *Ausgewählte Briefe*. Org. de Marie von Bülow. Leipzig: Breitkopf & Härtel, 1919.

BUSONI, Ferruccio. *Entwurf einer neuen Ästhetik der Tonkunst*. Frankfurt am Main: Suhrkamp, 1974.

DANUSER, Hermann. "Zu den Programmen von Mahlers frühen Symphonien". *Melos/Neue Zeitschrift für Musik*, v. 1, 1975, pp. 14-9.

DUBOS, Jean-Baptiste (Abbé). *Reflections critiques sur la Poésie et sur la Peinture*. Utrecht: Nealme, 1715.

EISLER, Hanns. *Musik und Politik. Schriften 1924-1948*. Leipzig: VEB, 1973.

FEUERBACH, Ludwig. *Kleine Schriften*. Org. de Karl Löwith. Frankfurt am Main: Suhrkamp, 1966.

FORKEL, Johann Nikolaus. *Allgemeine Geschichte der Musik*, vol. I. Leipzig: Schwickert, 1788. Reedição: Graz: Akademische Druck- u. Verlagsanstalt, 1967.

_____. Über Johann Sebastian Bachs Leben, Kunst und Kunstwerke. Edição e posfácio de Walther Vetter. Kassel: Bärnreiter, 1970.

FRIEDRICH, Hugo. *Die Struktur der modernen Lyrik*. Hamburgo: Rowohlt, 1956.

GARNIER, Pierre. "Jüngste Entwicklung der internationalen Lyrik". In: GRIMM, Reinhold (Org.). *Zur Lyrik-Diskussion*. Darmstadt, 1966.

GATZ, Felix. *Musik-Ästhetik in ihren Hauptrichtungen*. Stuttgart: F. Enke, 1929.

GECK, Martin. "Bach und Tristan: Musik aus dem Geist der Utopie". In: GECK, Martin (Org.). *Bach-Intepretationen*. Göttingen, 1969, pp. 190-6.

GLASENAPP, Carl Friedrich. *Das Leben Richard Wagners*, vol. VI. Leipzig: Breitkopf & Härtel, 1911.

HALM, August. *Die Symphonie Anton Bruckners*. 2. ed. Munique: G. Müller, 1923.

_____. *Von zwei Kulturen der Musik*. 3. ed. Stuttgart: Klett, 1947.

HAND, Ferdinand. *Ästhetik der Tonkunst*, vol. II. Jena: Hochhausen und Fournes, 1841.

HANSLICK, Eduard. *Vom Musikalisch-Schönen*. Leipzig: Breitkopf & Härtel, 1854. Reedição: Darmstadt: Wissenschaftliche Buchgesellschaft, 1965.

HEGEL, Georg Wilhelm Friedrich. Ästhetik, vol. I. Org. de Friedrich Bassenge. Frankfurt am Main: Aufbau, 1965.

HERDER, Johann Gottfried. *Werke*, vols. XV e XX. Org. de Heinrich Düntzer. Berlim: Hempel, 1879.

HILLER, Johann Adam. "Von der Nachahmung der Natur in der Musik". In: MARPURG, Friedrich Wilhelm. *Historisch-kritische Beyträge zur Aufnahme der Musik*, vol. I: 1754-1755. Berlim: Schützen, 1755, pp. 515-43.

HOFFMANN, Ernst Theodor Amadeus. *Schriften zur Musik*. Org. de Friedrich Schnapp. Munique: Winkler, 1963.

HOSTINSKÝ, Ottokar. *Das Musikalisch-Schöne und das Gesamtkunstwerk vom Standpunkte der formalen Ästhetik*. Leipzig: Breitkopf & Härtel, 1877.

HOWALD, Ernst. "Die absolute Dichtung im 19. Jahrhundert". In: GRIMM, Reinhold. *Zur Lyrik-Diskussion*. Darmstadt, 1966, pp. 66-74.

HUMBOLDT, Wilhelm von. "Über die Verschiedenheit des menschlichen Sprachbaues und ihren Einfluss auf die geistige Entwicklung des Menschengeschlechts". In: *Werke*, vol. III. Org. de Andreas Flitner e Klaus Giel. Stuttgart: Cotta, 1963.

JAUSS, Hans Robert. "Schlegels und Schillers Replik auf die *Querelle des Anciens et des Modernes*". In: *Literaturgeschichte als Provokation*. Frankfurt am Main: Suhrkamp, 1970.

JEAN PAUL (Johann Paul Friedrich Richter). *Vorschule der Ästhetik*. Org. de Norbert Miller. Munique: Hanser, 1963.

_____. *Werke*, vol. I. Org. de Norbert Miller. Munique: Hanser, 1975.

KIERKEGAARD, Soren. *Entweder/Oder*. Primeira parte. Trad. alemã de Emanuel Hirsch. Düsseldorf: Eugen Diederich, 1956.

KLAUWELL, Otto. *Geschichte der Programmusik*. Leipzig: Breitkopf & Härtel, 1910.

KOCH, Heinrich Christoph. *Musikalisches Lexikon*. Frankfurt am Main, 1802. Reedição: Hildesheim: Bärenreiter, 1964.

KRETZSCHMAR, Hermann. *Gesammelte Aufsätze über Musik*, vol. II. Leipzig: F. W. Grunow, 1911.

KROPFINGER, Klaus. *Wagner und Beethoven*. Regensburg, 1974.

_____. "Der musikalische Strukturbegriff bei E. T. A. Hoffmann". In: DAHLHAUS, Carl (Org.). *Bericht über den internationalen musikwissenschaftlichen Kongress: Bonn 1970*. Kassel: Bärenreiter, 1971, pp. 480-2.

KURTH, Ernst. *Bruckner*, vol. I. Berlim: Hesse, 1925.

LIGETI, György. "Gedenkworte für Carl Dahlhaus". In: *Orden pour la mérite für Wissenschaften und Künste*, vol. 22: Reden und Gedenkworte 1987-1989. Gerlingen: Lambert Schneider, 1992, pp. 159-63.

LOUIS, Rudolf. *Die deutsche Musik der Neuzeit*. Munique: G. Müller, 1912.

MAHLER, Gustav. *Briefe*. Org. de Alma Maria Mahler. Berlim: Paul Zsolnay, 1924.

MARX, Adolf Bernhard. *Die Musik des neunzehnten Jahrhunderts und ihre Pflege*. 2. ed. Leipzig: Breitkopf & Härtel, 1873.

_____. *Ludwig van Beethoven*, vol. I. 4. ed. Berlim: Otto Janke, 1884.

MATTHESON, Johann. *Der vollkommene Capellmeister*. Hamburg: Christian Herold, 1739. Reedição: Kassel: Bärenreiter, 1954.

MILLER, Norbert. "Musik als Sprache: Zur Vorgeschichte von Liszts Symphonischen Dichtungen". In: DAHLHAUS, Carl. *Beiträge zur musikalischen Hermeneutik*, vol. 43. Regensburg: Gustav Bosse, 1975, pp. 223-87.

MORITZ, Karl Philipp. *Andreas Hartknopf*. 1786. Reedição: Stuttgart: Reclam, 2001.

_____. *Schriften zur Ästhetik und Poetik*. Org. de Hans-Joachim Schrimpf. Tübingen: M. Niemeyer, 1962.

NÄGELI, Hans Georg. *Vorlesungen über Musik mit Berücksichtigung der Dilettanten*. Stuttgart/Tübingen: Georg Olms, 1826.

NIETZSCHE, Friedrich. *Werke in drei Bänden*, vols. I e II. Org. de Karl Schlechta. Munique: Hanser, 1954-1956; Darmstadt: Wissenschaftliche Buchgesellschaft, 1966.

_____. "Über Musik und Wort". In: *Sprache, Dichtung, Musik*. Org. de Jacob Knaus. Tübingen: De Gruyter, 1973, pp. 20-31.

NOVALIS (Georg Philipp Friedrich von Hardenberg). *Fragmente*. Org. de Ernst Kamnitzer. Dresden: Jess, 1929.

ROUSSEAU, Jean-Jacques. *Dictionnaire de musique*. Paris: Veuve Duchesne, 1768.

SAILER, Johann Michael. *Sämmtliche Weke*, vol. XIX. Org. de Joseph Widmer. Sulzbach: Seidel, 1839.

SCHELLING, Friedrich Wilhelm Joseph. *Philosophie der Kunst*. Darmstadt: Wissenschaftliche Buchgesellschaft, 1959.

SCHERING, Arnold. "Kritik des romantischen Musikbegriffs". In: *Von musikalischen Kunstwerk*. Leipzig: Koehler & Amelang, 1951.

SCHILLING, Gustav. *Encyklopädie der gesammten musikalischen Wissenschaften*, vol. VI. Stuttgart: F. H. Köhler, 1838. Reedição: Hildesheim: Georg Olms, 1974.

SCHLEGEL, August Wilhelm. *Die Kunstlehre*. Org. de Edgar Lohner. Stuttgart: Kohlhammer, 1963.

SCHLEGEL, Friedrich. "Charakteristiken und Kritiken I". In: *Kritische Friedrich-Schlegel-Ausgabe*, vol. II. Org. de Hans Eichner. Munique: Schöningh, 1967.

SCHLEIERMACHER, Friedrich. *Reden über die Religion*. Org. de Hans Joachim Rothert. Hamburg: Felix Meiner Verlag, 1958.

SCHMITZ, Arnold. *Das romantische Beethovenbild: Darstellung und Kritik*. Berlim/Bonn: Dümmler Verlag, 1927. Reedição: Darmstadt: Wissenschaftliche Buchgesellschaft, 1978.

SCHÖNBERG, Arnold. *Style and idea*. Nova York: Philosophical Library, 1950.

SCHOPENHAUER, Arthur. *Sämtliche Werke*, vols. I e II. Org. de Max Köhler. Berlim: A. Weichert, 1900.

SCHRADE, Hubert. *Deutsche Maler der Romantik*. Colônia: Dumont, 1967.

SCHUMANN, Robert. *Gesammelte Schriften über Musik und Musiker*. Leipzig: Breitkopf & Härtel, 1914.

SEIFERT, Wolfgang. *Christian Gottfried Körner: Ein Musikästhetiker der deutschen Klassik*. Regensburg: Gustav Bosse, 1960.

A coleção *Opus* estabelece conexões entre a música e outras áreas do conhecimento a fim de expandir as possibilidades do pensamento musical. Composto em Source Serif Pro sobre papel Avena 80 g/m², este primeiro volume foi impresso pela Ipsis Gráfica e Editora, em São Paulo, em junho de 2025.

---

1. Dahlhaus, Carl. *A ideia da música absoluta*

SOLGER, Karl Wilhelm Ferdinand. *Vorlesungen über Ästhetik*. Org. de Karl Wilhelm Ludwig Heyse. Darmstadt: Wissenschaftliche Buchgesellschaft, 1969.

STRAUSS, Richard. *Betrachtungen und Erinnerungen*. 2. ed. Zurique: Atlantis, 1957.

SULZER, Johann George. *Allgemeine Theorie der schönen Künste*, vols. III e IV. Leipzig: Weidmann, 1793-1794. Reedição: Hildesheim: Georg Olms, 1967.

TRIEST, Johann Carl Friedrich. "Bemerkungen über die Ausbildung der Tonkunst in Deutschland". *Allgemeine musikalische Zeitung*, v. 3, n. 24, 1801, p. 406.

VISCHER, Friedrich Theodor. *Ästhetik oder Wissenschaft des Schönen*, vol. V. Munique: Meyer & Jessen, 1923.

VORDTRIEDE, Werner. *Novalis und die französischen Symbolisten*. Stuttgart: Kohlhammer, 1963.

WACKENRODER, Wilhelm Heinrich. *Werke und Briefe*. Heidelberg: L. Schneider, 1967.

WAGNER, Richard. *Gesammelte Schriften und Dichtungen*, vols. II, IX e X. Org. de Wolfgang Golther. Berlim/Leipzig/Viena/Stuttgart: Bong, 1914.

WEBER, Carl Maria. *Sämtliche Schriften*. Org. de Georg Kaiser. Berlim: Schuster & Loeffler, 1908.

WEBERN, Anton. *Der Weg zur neuen Musik*. Viena: Universal, 1960.

WEISSE, Christian Hermann. *System der Ästhetik als Wissenschaft von der Idee der Schönheit*, vol. II. Leipzig: C. H. F. Hartmann, 1830. Reedição: Hildesheim: Georg Olms, 1966.

ZIMMERMANN, Robert. "Vom Musikalisch-Schönen". *Österreichen Blätter für Literatur und Kunst*, 20 nov. 1854, pp. 313-5.